KB272923

A study on the Housing Development for Ubiquitous

유비쿼터스 주택

개발에 관한 연구

소비자의 주거환경 선호요인 분석을 중심으로

A study on the Housing Development for Ubiquitous

유비쿼터스 주택
개발에 관한 연구

안홍균 · 나윤규 공저

한국학술정보[주]

머리말

21세기에 들어 급속도로 가속화된 정보산업 발전은 필연적으로 우리 사회를 정보 집약적 사회구조로 변화시키고 있다. 특히 최근 들어 '유비쿼터스(ubiquitous)'라는 신조어로 표현되는 새로운 기술패러다임은 정보혁명에 뒤이은 제4의 혁명으로 일컬을 만큼 우리 사회를 변혁시키는 또 하나의 물결로 작용하고 있다.

유비쿼터스 기술의 발달은 인간생활을 둘러싼 모든 공간 속의 환경과 사물 속에서, 공간상황에 따른 정보인식의 왜곡과 불균형 문제를 해결해 줄 수 있는 가능성을 열어주고 있다. 그리고 실례로 유비쿼터스화된 공간은 사람들에게 새로운 만족을 느낄 수 있는 감각의 차원, 지식의 차원, 공간 활용의 차원을 깨닫게 하고 있다.

바야흐로 우수한 유비쿼터스 환경조성이 차세대 경제 사회 패러다임이자 새로운 글로벌 경쟁력의 원천으로 주목받게 되었다. 그리고 정부와 기업은 필연적으로 이러한 변화에 편승하여 새로운 시장 창출과 글로벌 경쟁력 향상을 목적으로 새로운 서비스와 비즈니스 모델 발굴에 노력을 집중하게 되었다. 이미 선진국들은 이러한 유비쿼터스 패러다임에 신속히 대응하기 위한 사회, 문화, 경제 분야에 대한 다양한 전략을 수립, 추진하고 있다.

유비쿼터스 환경변화에 따른 주거공간으로서의 대응은 특히 건축의 기본 개념을 변화시키고 있다. 즉 거주자들을 위한 편리성, 쾌적성, 안전성이라는 기본 개념을 토대로 하여 정보화 등이 건축 환경과 어우러져 "휴식 공간"과 "생산 공간"으로 탈바꿈하기 시작한 것이다.

예를 들면, 사무용 건축의 경우에는 사무공간 환경이나, 생산성 향상, 이용의 편리성 등을 배려한 최첨단 인텔리전트 빌딩(IB: Intelligent Building) 구축으로 초점이 맞춰져 발전하기 시작했다. 주거용 건축의 경우에도 홈오토메이션(HA: Home Automation)을 이용한 방범, 방재, 방문자 영상 확인 등을 기본으로 각종 장비의 고급화 및 첨단화를 추구하고 정보통신을 이용을 위한 인프라 구축에 관심이 집중되어지고 있다.

그러나 안타까운 것은 유비쿼터스 주거환경시스템의 도입을 소비자 중심이라기보다는 건설, IT 및 네트워크업체들의 일방적인 개발 형태로 도입되고 있다는 점이다. 심지어 국가산업의 근간을 바람직하게 형성시켜야 할 책임이 있는 정부도 유비쿼터스 환경 형성의 필연성만 강조하고 있지 구체적인 개발 방향에 대한 정책은 미진한 실정이다. 이는 미래 유비쿼터스 환경에 대한 사전연구가 이루어져 있지 않아 주택에 도입될 유비쿼터스 환경이 구체적으로 무엇을 의미하는 것인지 정의할 수 없는 한계성 때문이기도 하다.

유비쿼터스 환경에 맞는 주택은 주거환경시스템으로 이루어지는 것이 아니라, 원활한 통신을 위한 홈네트워킹과 다양한 응용서비스 및 시스템으로 이루어진 홈오토메이션이 유기적으로 통합되어 거주자에게 통합서비스를 제공하는 것이 바람직하다.

그러나, 현재 시도되고 있는 주택분야의 유비쿼터스 시스템 도입은 주로 주택의 가치를 높여 분양하기 위한 방안으로 흥미를 유발하는 몇 가지 응용시스템 적용과 더불어 불필요하고, 사용하기 어려운 매뉴얼들까지 묶어서 제공하는 데 그치고 있다. 특히 흥미 위주의 광고 전략 등을 남발함으로써 소비자로 하여금 선택의 혼동을 일으키고 있는 실정이다.

본 저서는 우리의 삶 속에 깊숙이 들어오게 될 유비쿼터스 환경으로 인한 주거공간의 변화, 특히 주거용 건축인 주택 건축에 미치는 변화요인을 파악하여 소비자 중심의 유비쿼터스형 주택상품 개발 방향 제시에 도움이 되고자 한다.

- 저자일동

목 차

제1장

서 론

제1절 연구의 배경 및 목적

21세기에 들어 급속도로 가속화된 정보산업 발전은 필연적으로 우리 사회를 정보 집약적 사회구조로 변화시키고 있다. 특히 최근 들어 '유비쿼터스(ubiquitous)'[1]라는 신조어로 표현되는 새로운 기술패러다임은 정보혁명에 뒤이은 제4의 혁명으로 일컬을 만큼 우리 사회를 변혁시키는 또 하나의 물결로 작용하고 있다.

유비쿼터스 기술의 발달은 인간생활을 둘러싼 모든 공간 속의 환경과 사물 속에서 공간상황에 따른 정보인식의 왜곡과 불균형 문제를 해결해 줄 수 있는 가능성을 열어주고 있다. 그리고 실례로 유비쿼터스화된 공간은 사람들에게 새로운 만족을 느낄 수 있는 감각의 차원, 지식의 차원, 공간 활용의 차원을 깨닫게 하고 있다.[2]

이제 우수한 유비쿼터스 환경조성이 차세대 경제사회 패러다임이자 새로운 글로벌 경쟁력의 원천으로 주목받게 되었다. 그리고 정부와 산업은 필연적으로 이러한 변화에 편승하여 새로운 시장 창출과 글로벌 경쟁력 향상을 목적으로 새로운 서비스와 비즈니스 모델 발

---

1) 유비쿼터스란 '(신은) 어디에나 널리 존재한다'는 근대 라틴어에서 유래된 영어로, '편재(遍在)'라는 의미이다.
2) 하원규, 김동환, 최남희, 「유비쿼터스 IT혁명과 제3공간」, 전자신문사, 2002, p.270.

굴에 노력을 집중하게 되었다. 이미 선진국들은 이러한 유비쿼터스 패러다임에 신속히 대응하기 위해 사회, 문화, 경제 분야에 대한 다양한 전략을 수립, 추진하고 있다.

유비쿼터스 환경 변화에 따른 주거공간으로서의 대응은 특히 건축의 기본 개념을 변화시키고 있다. 즉 거주자들을 위한 편리성, 쾌적성, 안전성이라는 기본 개념을 토대로 하여 정보화 등이 건축 환경과 어우러져 '휴식 공간'과 '생산 공간'으로 탈바꿈하기 시작한 것이다.

예를 들면, 사무용 건축의 경우에는 사무공간 환경이나 생산성 향상, 이용의 편리성 등을 배려한 최첨단 인텔리전트 빌딩(IB: Intelligent Building) 구축으로 초점이 맞춰져 발전하기 시작했다. 주거용 건축의 경우에도 홈오토메이션(HA: Home Automation)을 이용한 방범, 방재, 방문자 영상 확인 등을 기본으로 각종 장비의 고급화 및 첨단화를 추구하고 정보통신의 이용을 위한 인프라 구축에 관심이 집중되어지고 있다.

그러나 안타까운 것은 유비쿼터스 주거환경시스템의 도입을 소비자 중심이라기보다는 건설, IT 및 네트워크업체들의 일방적인 개발 형태로 도입되고 있다는 점이다. 심지어 국가 산업의 근간을 바람직하게 형성시켜야 할 책임이 있는 정부도 유비쿼터스 환경 형성의 필연성만 강조하고 있지 구체적인 개발 방향에 대한 정책은 미진한 실정이다. 이는 미래 유비쿼터스 환경에 대한 사전연구가 이루어져 있지 않아 주택에 도입될 유비쿼터스 환경이 구체적으로 무엇을 의미하는 것인지 정의할 수 없는 한계성 때문이기도 하다.

유비쿼터스 환경에 맞는 주택은 주거환경시스템으로 이루어지는 것이 아니라 원활한 통신을 위한 홈 네트워킹과 다양한 응용서비스 및 시스템으로 이루어진 홈오토메이션이 유기적으로 통합되어 거주자에게 통합서비스를 제공하는 것이 바람직하다.

그러나 현재 시도되고 있는 주택분야의 유비쿼터스시스템 도입은 주로 주택의 가치를 높여 분양하기 위한 방안으로 흥미를 유발하는 몇 가지 응용시스템 적용과 더불어 불필요하고 사용하기 어려운 매뉴얼들까지 묶어서 제공하는 데 그치고 있다. 특히 흥미위주식의 광고전략 등을 남발함으로써 소비자로 하여금 선택의 혼동을 일으키고 있는 실정이다.

본 논문은 우리의 삶 속에 깊숙이 들어오게 될 유비쿼터스 환경으로 인한 주거공간의 변화, 특히 주거용 건축인 주택 건축에 미치는 변화 요인을 파악하여 소비자 중심의 유비쿼터스형 주택상품 개발 방향을 제시하는 데 목적이 있다.

제2절 연구의 방법

본 연구의 목적을 달성하기 위해 활용한 구체적인 연구방법은 다음과 같다.

먼저 문헌연구를 위한 2차 자료 수집은 정부관련기관, 건설협회 및 건설업체, 홈 네트워크업체 그리고 기존 보고서 자료를 활용하였으며 이를 토대로 최근 많이 연구되고 있는 유비쿼터스, 그리고 거주환경 변화에 따른 주택개발 관련 연구 자료와 선진국 및 국내 대응사례 자료를 토대로 한 문헌연구를 통하여 향후 주도하게 될 유비쿼터스와 유비쿼터스 주거환경으로 인한 주거문화의 변화를 살펴보았다. 특히 주거문화의 변화로 인해 주택에 도입되고 있는 주택의 기능에 관한 주거환경시스템과 도입 현황을 고찰하였다.

그리고 실증연구를 위해 1차 자료 수집을 일반 소비자들을 대상으로 유비쿼터스와 지금 현재 주택에 도입되고 있는 주거환경시스템, 즉 다양한 기능들에 대하여 설문조사를 실시하여 소비자들의 선호도 및 중요도를 조사하였으며 이를 통해 수집된 자료를 통계기법 (SPSS+)을 활용하여 분석하였다.

결론을 도출하기 위해 이론적 고찰과 설문조사를 통해서 나타난 결과를 바탕으로 유비쿼터스 주거환경변화에 맞는 주택개발 방안을 제시하였다.

제3절 연구의 구성

본 연구는 다음과 같은 체계로 구성하였다.

제1장은 서론 부분으로서 연구의 목적과 방법 및 논문의 내용으로 구성하였다. 제2장에서는 유비쿼터스와 주거문화에 관한 이론적 고찰로서 유비쿼터스의 개념과 추세, 주거환경과 주택의 변화요인 그리고 유비쿼터스 환경과 주택을 고찰하였으며 제3장에서는 주택과 주거환경시스템 현황으로서 현재 도입되고 있는 지능형 주택과 주거환경시스템, 특히 주거환경시스템의 도입 현황과 발전전망을 살펴보고 개발 방안을 위한 문제점과 과제를 살펴보았다. 제4장에서는 유비쿼터스 주거공간에서의 주택개발 및 마케팅 활성화 방안 마련을 위하여 일

반 소비자들을 대상으로 주거환경시스템에 대한 선호 및 중요도에 대한 실증 분석을 통하여 전략적 요인을 살펴보았다. 결론 부분인 제 5장에서는 본 연구의 결론과 더불어 연구의 한계점 및 향후 연구 과제를 제시하였다.

제2장

유비쿼터스와
주거문화에 관한 이론적 고찰

제1절 유비쿼터스의 개념 및 추세[3]

1. 유비쿼터스

(1) 유비쿼터스의 개념

'유비쿼터스(ubiquitous)'는 정보혁명에 뒤이은 제4의 혁명으로 일컬을 만큼 우리 사회를 변혁시키는 또 하나의 물결이다. 유비쿼터스는 라틴어의 'ubique'로 '언제 어디에서나 존재한다'라는 의미를 가지고 있다.

이러한 유비쿼터스란 개념이 최초로 제기된 것은 1988년 '유비쿼터스의 아버지'라고 불리는 미국 제록스사의 펠로알트연구소(PARC)[4]의 마크 와이저(Mark Weiser)[5]가 그 제창자이다. 마크 와이저는

---

3) 이혁수, 홍광선, 「유비쿼터스 공간에서의 인간 환경과 생활공간 변화에 관한 연구」, 한국실내디자인학회 학술발표대회논문집 제5권 제5호, 2003. 5. 요약 정리함.
4) 현재의 퍼스널 컴퓨터의 기초 기술 대부분을 독자적으로 탄생시킨, 세계에서도 일류로 손꼽히는 연구소이다.
5) 1952년에 태어났으며 미시간 대학에서 컴퓨터 & 커뮤니케이션 사이언스 분야에서 석, 박사 학위를 취득하고, 메릴랜드 대학의 교수를 역임했으며 부교수가 된 이후 1998년 PARC로 옮겨 갔다. 그곳에서 유비쿼터스 컴퓨

1991년에 쓴 논문에서 '유비쿼터스 컴퓨팅'을 '어디에서든지 컴퓨터에 액세스가 가능한 세계'라고 정의를 내렸다.

와이저는 '인간이 이동해 간 장소에서 그 장소에 있는 컴퓨터를 자신의 컴퓨터로 삼아 사용할 수 있는 환경의 실현'을 목표로 내걸었던 셈이다. 즉 와이저는 유비쿼터스 환경을 '인간이 어디에 있든지 공간을 자신의 형태로 사용하는 것이 가능한 환경'이라고 정의를 내린 것이다.

(2) 유비쿼터스의 기원

유비쿼터스라는 용어는 미국에서 시작되었지만 개념은 일본에서 최초로 탄생했다고 말할 수 있다. 지금부터 약 20년 이전인 1984년 당시 도쿄대학 조교수였던 사카무라 겐[6] 주도로 탄생한 TRON이란 프로젝트에서 유비쿼터스 컴퓨팅의 발단을 엿볼 수 있다.

TRON 프로젝트(The Real-Time Operating System Nucles)[7]는 인간이 정말 쉽게 사용할 수 있는 컴퓨터의 아키텍처를 구축하기 위해 만들어진 프로젝트이다. 이 프로젝트는 가까운 장래에 인간을 둘러싼 환경에 컴퓨터가 내장되는 세계가 올 것이라고 전망하고 있다. 실제로 이 프로젝트에서는 '어디에나 컴퓨터'라는 단어가 당시부터

팅＝어디에서나 존재하는 컴퓨터라는 컨셉으로 연구 개발을 시작했다.

6) 1951년 도쿄에서 태어나 현재 도쿄대학 대학원 정보학부 교수로 있다. 1984년부터 트론(TRON)프로젝트의 리더로서 새로운 개념에 의한 컴퓨터 체계를 구축하여 세계의 주목을 받았다. 현재 일본 정부의 막대한 재정 지원을 받아 유비쿼터스 네트워크 연구소에서 국가 차원의 유비쿼터스 프로젝트를 이끌고 있다.

7) 산업 제품이나 민생 제품을 지향한 실시간으로 움직이는 컴퓨터의 결정판을 만들자는 발상에 기반을 두고 1984년부터 순수 일본 기술로만 시작한 컴퓨터 기술이다.

사용되고 있었기 때문에 '유비쿼터스의 선구'였다고 말할 수 있다.

TRON 프로젝트에서는 실제로 인텔리전트 주택, 빌딩, 박물관 등을 건축해서 '어디에서나 컴퓨터' 생활을 체험할 수 있도록 하는 등의 연구를 진행하였다.

(3) 유비쿼터스의 특징

1) 네트워크

마크 와이저는 네트워크에 접속되지 않는 컴퓨터는 '유비쿼터스 컴퓨팅'이 아니라고 지적한다. 왜냐하면 여러 장소로 이동하는 이용자에게 컴퓨터가 그 사람에게 적절한 서비스를 제공하기 위해서는 네트워크 접속이 필수 불가결하기 때문이다.

2) 컴퓨터 사용의 인식

현재의 컴퓨터는 이용자가 '컴퓨터를 사용한다'는 점을 확실하게 인식하면서 사용하도록 만들어져 있다. 하지만 유비쿼터스는 인간이 해당 매체를 사용하고 있다는 인식 없이 사용할 수 있는 '인간에 친화적인 인터페이스'의 특징이 있다.

유비쿼터스가 목표로 하는 세계는 컴퓨팅이 '환경'이면서 또한 '생활의 일부'가 되는 세계이다.[8]

---

8) NTT데이터 유비쿼터스연구회, 성호철 역, 「손에 잡히는 유비쿼터스」, 전자신문사, 2002, p.35.

3) 상황에 따른 서비스의 변화

유비쿼터스의 세계에서는 이용자가 누구인지에 따라서, 또는 이용자가 놓여 있는 상황에 맞추어 컴퓨터가 스스로 제공하는 서비스를 변화시킬 수 있는 능력이 요구된다. 다시 말해 사용하는 사람에 따라, 혹은 그 장소에 있는 기기의 규약에 따라서 제공되는 서비스가 바뀌게 된다는 것이다.

4) 가상현실과의 차이점

가상현실(Virtual Reality)은 컴퓨터가 만들어낸 가상의 현실공간을 말한다. 가상현실은 한마디로 말하면 컴퓨터의 가상 세계가 사람에게 체험을 부여하는 것이다. 한편 유비쿼터스는 컴퓨터가 현실 세계에 존재하고 정보도 현실 세계에서 표시된다.[9] 즉 '컴퓨터에 의해 만들어진 가상공간 안의 어디에서든지 컴퓨터를 사용할 수 있다'는 개념은 유비쿼터스가 아니다.

유비쿼터스의 세계는 극히 평범한 일상의 생활을 즐기는 속에서 거의 존재감을 별로 느끼지 못하고 도움을 받는 상태가 된다. 가상현실과 유비쿼터스는 정반대의 발상이며 정반대의 개념[10]을 제안하고 있다.

---

9) 사카무라 겐, 최운식 역, 「유비쿼터스 컴퓨팅 혁명」, 동방미디어, 2002, p.45.
10) 유비쿼터스가 가상현실과 반대의 개념이라고 주장한 사람이 마크 웨이저(Mark Weiser)이다.

2. 유비쿼터스의 생활공간

(1) 신 개념의 공간 u-Space

u-Space는 물리공간에 전자공간을 연결하여 물리공간과 전자공간이 하나로 통합되어 공진화할 수 있게 하는 4차 공간혁명이라고 할 수 있다.

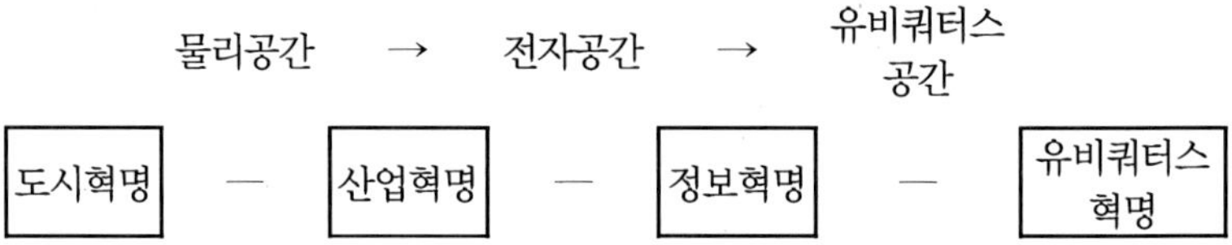

<table>
<tr><td></td><td>물리공간</td><td>→</td><td>전자공간</td><td>→</td><td>유비쿼터스
공간</td></tr>
<tr><td>도시혁명</td><td>—</td><td>산업혁명</td><td>—</td><td>정보혁명</td><td>—</td><td>유비쿼터스
혁명</td></tr>
</table>

[그림 2-1] 유비쿼터스 공간혁명의 과정

유비쿼터스는 전자공간과 물리공간이 통합된 유비쿼터스 공간(Ubiquitous Space)의 창조와 양 공간 간의 언제, 어디서나 제한 없는 접속(Ubiquitous Access)을 지향한다. 유비쿼터스는 정보혁명의 연장선상에 있으나 그 공간혁명의 발상은 정반대이다. [표 2-1]에서 자세히 알 수 있듯이 정보혁명은 물리공간을 컴퓨터 속에다 집어넣은 혁명이지만 유비쿼터스는 물리공간에다 컴퓨터를 집어넣은 혁명이다. 유비쿼터스 공간에서는 물리적 환경과 사물들 간에도 전자공간과 같이 정보가 흘러 다니며 마치 사람이 그 속에 들어가 있는 것처럼 지능화되어 정보를 수, 발신하고 사람들이 원하는 활동을 수행한다. 유비쿼터스는 물리공간과 전자공간의 한계를 동시에 극복하고 사람, 컴퓨터, 사물이 하나로 연결되어 기능적으로는 세상에서 가장 최적화된 살아 있는 공간으로 가는 마지막 공간혁명의 단계라고 할 수 있다.

[표 2-1] 전자공간, 물리공간, u-Space 비교

구 분	물리 공간	전자 공간	u-Space
공간 지각	만질 수 있는 공간	만질 수 없는 공간	만지지 않아도 알 수 있는 공간
공간 형식	유클리드 공간, 실제적 현실공간	논리적 공간, 가상공간	지능적 공간, 증강된 현실공간
공간 구성	토지 + 사물	인터넷 + 웹	지능화된 환경, 사물
기능 형성	공간에 사물이 심어짐	컴퓨터에 가상사물이 심어짐	컴퓨터가 사물에 심어짐

　도시공간을 구성하는 수많은 환경과 대상물에 보이지 않는 컴퓨터가 심어져서 지능화되고 전자공간에 연결되어 서로 간에 정보를 주고받는 u-Space가 창조되면 물리공간과 전자공간 간의 단절과 시간 지체가 없어지고 서로 공진하여 우리가 살고 있는 공간의 합리성과 생산성은 그 어느 때보다도 고도화될 것이다.[11]

(2) u-Space의 구성요소

　u-Space의 구성요소는 세 가지 측면으로 나누어 볼 수 있다. 첫 번째 u-Space의 구성요소는 공간의 형태이다. u-Space는 물리공간이나 전자공간의 연계가 실현된 공간이다. u-Space의 성공은 공간의 형태가 어떻게 만들어지느냐에 따라 달라지며 공간의 활동과 기능도 크게 달라진다.

　두 번째는 u-Space의 구성요소는 활동과 기능이다. u-Space를 구

---

11) 하원규, 김동환, 최남희, 「유비쿼터스 IT혁명과 제3공간」, 전자신문사,
　　2002, p.32.

축, 개발해야 하는 필요성은 물리공간과 전자공간 간의 최적 연계를 실현하는 u-Space의 활동과 기능 때문이다. u-Space의 활동과 기능은 순수한 물리공간과 전자공간에서 이루어지는 활동과 기능과는 다르다. u-Space의 활동과 기능을 한마디로 말하면 그것은 공간형 서비스 활동과 사물들 간의 기능 공동체 공간이라고 할 수 있다. 즉 사람이 원하는 활동과 기능을 목적으로 환경과 사물의 지능화는 물론, 사물들의 네트워크화된 커뮤니티 공간을 다양하게 만들 수 있다는 것이다.

세 번째 구성요소는 유비쿼터스 정보기술을 근간으로 하는 u-Space의 수많은 기반구조인데 그중 대표적인 퍼베이시브(Pervasive)와 증강현실(Augment Reality) 등의 다양한 기술을 예로 들 수 있다.[12]

(3) u-Space와 생활

u- Space의 탄생은 새로운 생활인과 삶의 양식을 출현을 의미한다. 도시공간 속에서 도시인과 도시적 생활양식이 등장했듯이 유비쿼터스 생활공간 속에서는 유비티즌[13]과 그들의 새로운 생활양식이 보편화될 것이다. 유비쿼터스화된 생활공간은 유비티즌의 생활무대가 될 것이며 여기에서 새로운 생활양식이 등장하여 지금까지 상상할 수조차 없었던 생활혁명과 삶의 질의 획기적인 변화를 가져올 것이

---

12) 퍼베이시브 기술은 인간과 공간요소 및 환경이 상호작용을 한다는 측면에서 유비쿼터스의 기본 개념과 의미가 비슷하며 증강현실은 공간의 환경을 현실과 똑같은 조건으로 인간에게 제공한다는 점에서 유비쿼터스의 특징인 인간친화적 인터페이스와 같은 맥락의 성격을 지닌다.

13) Ubitizen(Ubiquitous + Citizen) 현실적인 일상공간 속에서 자신의 욕구에 맞는 생활환경과 사물들의 자율적 지능화를 통해 삶의 양식을 혁신시키고자 하는 사람을 말한다.

다. 유비쿼터스 생활공간 속에서는 환경과 사물들의 상태변화에 대한 정보를 개개 인간의 욕구에 맞게 실시간으로 획득하고 환경과 사물 스스로 사람들에게 필요한 정보를 고지, 조언하거나 상황에 적절한 조치를 취해 줄 수 있다.

3. 유비쿼터스 기술 현황

유비쿼터스 컴퓨팅 네트워크 기술은 이제 막 싹을 틔우는 단계이며 향후 몇 년 동안은 기술발전 가능성도 불확실하다. 다만 유비쿼터스 컴퓨팅 네트워크 개념이 등장하게 된 배경에는 사람이 살아가는 일상 환경 속에 존재하는 수많은 사물들에 보이지 않는 컴퓨터를 심어 물리적 세계와 전자적 세계를 연결하고 이것을 통해 사람이 애써 의식하지 않고도 사물 스스로 제공하는 서비스를 언제, 어디서나, 어떤 네트워크와 단말기에 상관없이 받을 수 있게 만들기 위한 구상이 존재하고 있다. 유비쿼터스 정보기술의 발달이 시간적으로 지연될 수는 있어도 물리공간과 전자공간 간의 연계는 이미 합의된 차세대 정보화 방향이다.

제2절 주거환경과 주택의 변화

1. 주거환경의 변화요인

주택은 의식주 가운데 하나로서 소득수준, 삶의 형태, 가족 구성의 변화, 가치관, 공동체 문화 등 다양한 변수의 영향을 받으면서 기능 및 수요와 공급이 변화하게 된다. 따라서 향후 주택시장은 소비, 인구 및 가족구성, 사회·문화의 변화, 거시경제 트렌드의 영향을 받아 주택 기능의 디지털화, 수요의 슬림화, 소형화 등 양과 질에 있어 근본적인 변화가 예상된다.

본 절에서는 주거에 미치는 영향을 크게 사회여건, 기술, 그리고 소비자로 나누어 이들 변화에 따른 주거의 변화를 살펴보았다.14)

(1) 사회여건의 변화

사회여건의 변화는 정치, 경제, 가족, 생활양식 등 문화적 변화를 포함한다. 이 중 우리 사회에서 급속하게 진전되고 있는 경향은 다음과 같다.

1) 고령화 추세의 가속화

평균수명의 연장으로 인구의 고령화 현상이 가속화된다. 특히 경제능력을 갖춘 고령인구의 증가는 실버홈, 케어 하우스 등의 요구를 증대시킨다. 60세 이상의 인구비율이 2000년의 경우 10.7%였으나, 2020

---

14) 김광우, 「미래 주거와 지능형 아파트」, IBS저널(3호), IBS Korea, 2002.

년에는 17%에 이를 것으로 예상되고 있다. 그리고 연금제도의 확대는 결과적으로 경제적으로 자립 가능한 노인층의 비중을 증가시킬 것으로 예상된다.

2) 가구구성 변화

산업화의 진행에 따라 핵가족화의 전개와 가구당 인원수의 감소는 계속될 것으로 예상된다. 따라서 자녀가 독립한 노인세대를 위한 주택의 개발 및 3대 가족형 등의 주택유형 개발이 필요할 것으로 판단된다.

또한 여성의 사회진출 증가 등으로 독신자 가구의 비율은 증가할 것으로 예상된다. 1990년 이후의 통계치를 보면 주택 수는 연평균 2.6% 증가하였으나 가구 수는 3.2% 증가하여 부족률은 계속 심화될 것으로 추정된다. 이에 따라 독신자 및 신혼 핵가족을 위한 원룸 APT 등의 시장이 활성화될 것으로 보인다.

3) 맞벌이 부부의 증가

여성의 교육기회 확대와 사회진출로 맞벌이 부부가 증가한다. 과거에는 DINK(Double Income No Kids)를 주된 대상으로 보았으나 현재는 DEWK(Double Employed With Kids)를 주된 계층으로 본다. 이들은 탁아, 가사생활의 절감, 식료품 등의 대량 구입으로 인한 수납공간의 확대 요구 등 이전과는 다른 생활양식을 보여준다. 맞벌이 부부의 증가는 곧 가사노력의 경감을 요구하고, 수납공간의 확대 요구로 이어진다.

4) 자녀 수의 감소

자녀 수의 감소는 여가 시간의 증대, 육아에 대한 관심 증대 등으로 이어지고 이러한 요구는 취미실의 요구, 자녀실의 충실화 등의 요구로 나타난다.

5) 직업의 다변화

직업의 다변화는 곧 생활의 다양화로 연결된다. 흔히 예상되는 재택근무의 증가, 사무실 기능을 갖춘 주택 등의 요구를 나타낸다.

6) 경제활동의 광역화

기업의 활동이 전국화, 국제화하면서 단신 부임자들을 증가시킨다. 이들은 단신으로 부임하여 근무기간 동안 혼자 생활하기에 편리한 규모와 시설을 겸비한 주택을 요구한다.

7) 소비, 소득수준의 향상

소득수준의 향상으로 소비의 질이 상승한다. 주택에도 이러한 욕구가 반영되어 고급화된 주택, 개성적인 주택을 요구한다. 보다 적극적으로는 주말주택, 전원주택 등의 요구와도 연결된다. 소득, 소비수준의 향상은 주택의 고급화는 물론, 여가의 중시, 개성의 표출 등으로 이어진다. 이러한 요구에 따라 취미실의 부설, 개성 있는 주택의 출현 등이 이루어진다.

8) 고밀개발의 가속화

지가가 상승하면서 밀도가 높아서 초고층 주택이 일반화하고, 이들은 고급화 경향과 맞물려 고층 주택에서도 쾌적한 주거환경을 요구하게 된다. 고기능화한 초고층 주택의 출현을 촉진한다.

(2) 기술의 변화

기술의 변화는 주거공간의 변화에 영향을 미치는 강력한 요소 중의 하나이다. 그러나 그것은 기술 자체로 성립하는 경우도 있지만 사회경제적 토대 위에서 기능한 경우가 주종을 이룬다고 보아야 한다.

1) 정보화

21세기는 첨단의 정보가 사회를 지배하는 고도의 정보화 사회가 될 것이다. 이러한 정보화 사회로 급변해 가는 과정에서 사무자동화(OA), 건물자동화(BA)가 출현하였고 이와 더불어 일상생활과 밀접한 관계가 있는 가정자동화(HA)가 출현하였다. 이에 따라 최근에는 가정에도 PC의 보급이 일반화되었으며 데이터베이스와 네트워크 서비스의 증가, 위성방송과 국제교류의 증가, CATV의 보편화 등이 이루어지고 있다.

또한, 정보화와 첨단화의 경향은 앞으로 더욱 가속화될 것이다. 각종 정보통신 기술의 발전과 다양한 생활지원 기술의 개발은 주택 내로 유입되어 다양한 서비스를 제공하는 기술로 채용될 수 있을 것이다.

2) 고기능화(첨단화)

기술의 발전은 주택 공간 내 각종 활동을 지원하는 역할을 하게 된다. 우선 가사의 경감에 집중될 것으로 예측되고 각종 기능이 통합되는 컴포넌트 방식이 유입되어 공간의 변화에도 영향을 미친다.

3) 생산기술의 변화

과학과 기술의 발달로 생산비용이 수선비용보다 저렴하여지며 더욱 좋은 물건의 대량생산이 가능해질 것으로 예상된다. 주택건설에 있어서도 공장에서 미리 벽, 지붕, 창호 등의 부품을 대량생산한 후 현장에서 조립하는 공법의 수용 등 시간과 자재를 절약하는 방식이 요구될 것이다.

4) 인간화/간편화(Human interface화)

첨단화가 복잡한 조작의 기능을 요구하거나 비인간화만으로 연결되기보다는 보다 인간적이고 간편한 방식으로 진전된다. 예를 들면 보일러 난방의 경우에도 아랫목, 윗목이 있는 온돌방 등이 나타난다.

5) 자연친화

기계화의 진전은 자연과의 유리 현상만을 가져오기보다는 자연친화 방향으로 진전되는 경향도 뚜렷해진다. 태양열 등의 자연에너지 이용이나 인공지반의 인공토양을 이용한 주거공간 내 정원의 도입 등이 보다 손쉬워진다. 각종 기술의 개발은 비인간화의 방향으로만 치닫기보다는 보다 인간적인 기술의 방향으로, 보다 친환경적 방향으로 유도하려는 노력이 지속되고 있다. 이들은 주거공간 내에 보다 쾌적하고 자연친화적인 기술의 도입으로 이어지고 주거공간을 변화시킨다.

(3) 소비자 요구 변화

21세기의 주거문화는 사회의 변천과 함께 급속한 변화를 이루게 될 것으로 예상된다. 산업화에 따른 거대도시의 탄생은 주택부족현상을 야기하여 공동주택이라는 새로운 주거문화를 창출하였으며 제한된 면적에 고밀도의 건축이 가능하다는 이유로 현재는 가장 많이 건축되고 있는 주거의 한 형태가 되었다. 이러한 공동주택 등 집단주거 형태의 건축은 주택난의 해소에 큰 도움이 되었으며 좁은 국토의 사정을 감안할 때 이러한 추세는 계속될 것으로 예상된다. 그러나 소득수준의 증가에 따른 생활수준의 향상, 정보화 사회의 진전, 생활의식 등의 변화는 주거의 개념을 변화시켜 거주자 요구사항의 증가를 가져왔다. 이러한 사회의 변화에 따라 앞으로 거주자가 요구하게 될 기본적인 요구사항은 다음과 같다.

1) 안전성

주택 자체 및 주택설비, 주 공간 등에 있어서 방범·방재 면에서의 안전성 확인 및 이상의 감지, 긴급 시의 통보와 적절한 대응 등에 의해 안심하고 생활할 수 있는 주거공간 요구

2) 쾌적성

온·습도, 채광, 조명, 환기, 음향 등 주 공간 환경의 제어에 의한 쾌적한 생활공간, 건강상태의 정확한 파악과 건강 면에서의 이상에 대하여 신속한 대응, 건강유지 증진을 위한 주 공간 환경의 제어, 스트레스 해소 등에 의한 건강을 유지·제어하려는 요구

3) 편리성

집중제어, 원격제어와 자동제어 등에 의한 편리한 생활 요구

4) 경제성

기기나 시스템 가동 상황의 정확한 파악에 의한 효율적인 에너지 소비의 실현 등 생활에 있어서 효율성을 지향하는 요구

5) 지적 · 문화적 요구

새롭고 다양한 생활체험, 사회의 여러 사람과의 커뮤니케이션 등에 의해 생활을 즐기며 미지의 것을 배우고 새로운 생활 스타일을 창조하려는 요구

6) 개성화

획일적인 건축계획에 반발하는 입주자 개개인의 보다 다양하고 개성 있는 요구

7) 대응성

개인의 취향이나 세대의 요구에 따라 가변성 있는 공간 계획 및 향후 리모델링에 대응 가능한 계획

8) 환경친화성

쾌적하고 자연친화적인 계획 및 기술의 도입에의 요구

2. 주택개발의 활성화 방향

(1) 과학적, 기술적 노력

고도화 사회와 더불어 과학과 기술이 발전함에 따라서 전자 정보통신서비스가 발달하고 정보관리를 대행해주는 서비스가 발달하게 되었다. 더불어 인공 지능로봇이 출현함으로써 수작업으로 하는 일들

을 로봇이나 전자장치로 하여 효율성뿐만 아니라 첨단제품이 보편화
되고 기술이 발전함으로써 이러한 기술들을 건축물의 리노베이션에
도 적용하고 있다.

(2) 친환경적 노력

최근 환경적인 면에서 '지속가능한 사회'를 만들어 가기 위해 세계
적으로 환경 정책적 노력 외에 친환경적 생활방식과 의식의 형성을
위한 환경 친화적인 노력이 강조되었고 이 지구상에서 살아가는 모
든 사람이 생활 속에서 실천하는 친환경적 행위가 무엇보다 중요함
을 인식하게 되었다. 국내에서도 이에 따라 태양열주택을 비롯하여
인공지반, 인공토양 등 환경 친화적인 노력을 기울이고 있다.

(3) 사회적, 경제적 노력

과학이 발전함에 따라 사회도 점차 노령화 추세로 진행되어가고 있
으며 노인들은 노화현상으로 인하여 점차 건강이 악화되고 일상생활을
영위하는 데 다른 사람으로부터 도움을 필요로 하게 되는 경우가 많다.
서구에서는 노인인구의 급속한 증가와 더불어 노인 보호가 가족의
부양능력을 넘어서는 경우가 많아지고 평균수명의 연장으로 타인의
도움 없이는 지역사회 내에서 독립적으로 생활하기 어려운 고령 노
인들이 증가함에 따라 노인들의 시설 보호에 대한 수요가 증가되어
왔으며 노인들을 위한 설비기기의 수요의 증가와 노인용 주택이 필
요하게 되었다. 또한 맞벌이 부부의 증가와 독신가구의 증대로 하여
소규모, 고기능의 주택이 활성화되고 있다.

(4) 문화적 노력

현대사회는 갈수록 고도 정보화 시대를 맞이하여 전자상거래를 비롯하여 다양한 방법으로 거래가 이루어지고 있으며 이에 대한 방범, 보안, 안전 등이 필요하게 되었으며 가사일을 경감하기 위한 설비가 등장함으로써 생활의 편리가 한층 상승하게 되었다.[15]

[표 2-2]는 주택개발의 분야별추진 현황에 대하여 정리한 것이다.

[표 2-2] 주택개발의 활성화 방향

분야	핵심사항	방향
과학/기술	정보화 첨단화 부품/조립화	- 노인용 주택, 설비 기기 수요 증가 - 가족해체, 소규모/고기능 주택 활성화 - 주거소비수준 고도화
친환경	자연친화 인간화 재활용	- 방범/방재 등 Serviced APT - 가사 경감형 설비 - 생활체험, 커뮤니케이션 강화
사회/경제	인구구성 변화 가구구성 변화 생활방식 변화	- 정보네트워크화: 사이버 아파트 등 - 고기능화: 첨단 제품 보편화 - 개보수, 리노베이션
문화	안전성 편리성 개성화	- 자연에너지 이용: 태양열 주택 등 - 인간 소외 현상 극복 - 환경 보존형 개발: 청정에너지 등

출처: 정용환, 「정보화 주택의 활성화를 위한 합리적 추진방안」, 중앙대학교 석사학위논문, 2001. 12. p.12.

---

15) 석호태, 「정보화 시대 인텔리전트 아파트 기술개발 동향」, 2000.9

제3절 유비쿼터스 환경과 주택

1. 유비쿼터스 사회가 주거에 미치는 영향

유비쿼터스 사회로 진입하기 위한 지금의 단계인 정보화 측면에서 주거에 미치는 영향을 살펴보면 지금까지는 정보화 사업이 산업, 행정, 지역 등을 중심으로 공급 측면에서 추진됐지만 현재는 수요 측면에서 정보의 최종 수용기반인 가정에서 정보화가 확산되고 있다. 제1의 개인 생활공간이자 정보화 확산의 최종 기착지인 가정에까지 정보화 혁명의 물결이 거세게 밀려오고 있는 것이다. 집단에서 개인으로, 사무실에서 가정으로 전이되는 '가정정보화'는 인터넷을 기반으로 한 전 세계 네트워크를 통해 빠르게 확산되고 있다.

한편, 디지털은 기존 아날로그 기술로는 불가능했던 새롭고 무한한 가능성의 의사 전달을 가능하게 만들었다. 그 바탕에는 네트워킹이 존재하고 있다. 가전제품이 디지털화되면 가전제품 간의 정보교환이 가능해지고 기존 PC나 PDA, 웹 터미널과 같은 정보미디어와의 연결도 가능해진다. 또한, 고속 인터넷과 디지털위성방송 등을 통한 광대역접속서비스가 일반화됨에 따라 사용자들은 다양한 콘텐츠를 단 한 대의 PC, 또는 PC와 PC사이에서 주고받는 것에서 한 단계 더 발전해 가정 내의 다른 디지털기기와도 주고받을 필요성을 느끼게 된다. 결국 가정 내의 모든 기기가 하나의 네트워크로 연결되는 홈 네트워킹이 구현된다. 디지털 가전기술은 이에 더하여 홈 네트워킹을 구현하는 동시에 가정 바깥으로 확장된 홈 네트워킹도 가능하게 만들 것이다.

놀라울 정도의 기술진보는 생산방법도 급속히 변화시키고 있다. 예전의 주택은 단지 휴식만 하는 단순한 의미의 주거공간이었는데 현대에 있어서는 주거 기능뿐만 아니라 사회생활 및 업무수행처리 공간으로 변함에 따라 건설업체에서도 그러한 시대적 조류에 맞는 형태의 아파트를 공급하기 위해 다각적인 노력을 하고 있다.

각 건설업체들은 기간통신 사업자와 제휴해서 아파트 단지 내에 초고속 정보통신망의 설치계획을 발표하였고 현재 시행 중인 아파트도 생겨났다. 현재 사이버아파트는 생활의 편리함과 동시에 자연친화적이고 인간친화적인 요소를 가미하여 보다 더 입주민이 친숙하게 생활할 수 있도록 터전을 마련하고 있다.

이처럼 정보화 사회는 소비자들의 생활형태 변화에 따른 주거공간을 제공할 것이다.

첫째, 노동형태가 변화함에 따라 전자우편이나 인터넷으로 결재를 하고 출퇴근 시간을 제거함으로써 시간을 좀더 효율적으로 사용하며 주택 내에서 업무를 쉽게 수행하게 된다.

둘째, 가정 자동화시스템을 사용하여 요리를 편리하게 할 수 있으므로 가사노동이 경감되고 시간의 절약을 도모할 수가 있어 가사생활에 많은 변화를 가져오고 있다.

셋째, 의료기술의 발달로 하여 환자가 직접 병원에 가지 않고도 가정에서 진단이 가능하게 되며 응급의료정보시스템으로 빠르게 환자의 상태를 파악할 수 있도록 된다.

넷째, 모든 수업이 학교에서만 가능했던 과거와는 다르게 사이버학교의 출현으로 학교에 가지 않고 가정에서 수업을 받을 수 있으며 학위 취득도 가능하게 된다.

이처럼 정보화 기술의 발달로 주택이 단지 생활의 쉼터와 잠자는 곳이 아닌 업무와 교육, 치료와 가사생활을 모두 할 수 있는 생활의 터전이 됨에 따라 주택에도 정보화의 필요성이 제기되고 있다.

2. 유비쿼터스와 주택

유비쿼터스와 주택의 결합은 한마디로 '편리하고 안전하며 효율적인 생활환경을 구축'으로 표현할 수 있다. 언제(Anytime), 어디서(Any-place)나 어떤 기기(Any-device)로도 컴퓨팅이 가능한 Ubiquitous 환경을 가정 내에 실현함으로써 유비쿼터스 환경하에 주거 개념은 단순한 거주와 휴식장소에서 지식창출이나 정보 공유 등을 모두 포괄하는 복합 디지털 주거환경으로의 급속한 변화를 말한다.

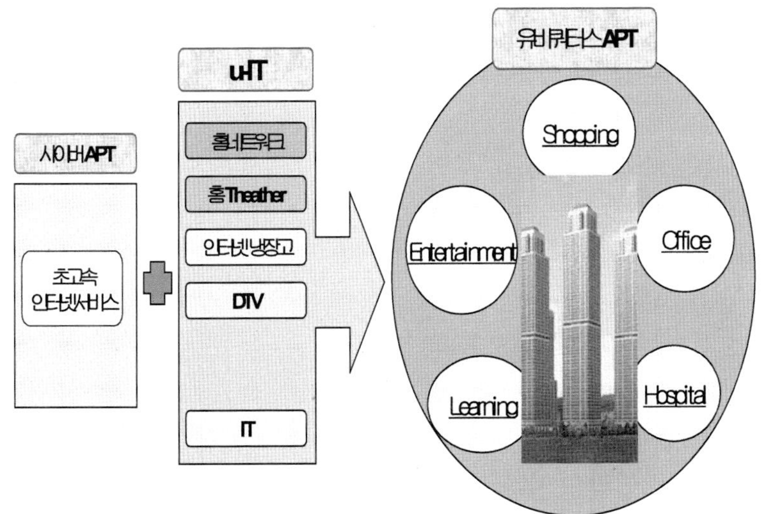

[그림 2-2] 미래 유비쿼터스 주거환경의 변화 모습16)

---

16) 한국전산원, 「유비쿼터스사회의 발전 추세와 미래전망」, 유비쿼터스사회 연구시리즈 제1호, 2005. 8. 4.

  유비쿼터스 환경이 구현되면 가정, 직장, 이동 공간 등 일상생활 공간은 편리성과 안전성, 그리고 효율성이 크게 높아진 모습으로 바뀌게 될 것이다. 주택은 현재 고급 신축 아파트를 중심으로 점차 확산되고 있는 홈 네트워크 시스템이 보다 고도화된 형태로 발전될 것이며 주택 내의 다양한 기기들이 유·무선 네트워크를 통해 상호 연동되고 벽, 천정, 가구 등 주위 사물에 센싱 칩이 내장됨으로써 디지털 컨텐츠의 공유, 원격제어, 온도 및 습도 조절 등이 가능해질 것이다. 또한 재택교육, 원격 건강 진단 등도 활성화됨으로써 관련 서비스 이용에 소요되는 시간과 비용이 대폭 절감될 것이다.

제3장

주택과 주거환경시스템 현황

유비쿼터스 정보기술의 급격한 발전은 주거환경에 영향을 미쳐 주택에 정보기술을 적극적으로 도입함으로써 이전보다 더 안전하고 쾌적하며 정보에의 접근이 용이한 환경을 창출하려는 시도들이 활발하게 진행되고 있다.

스마트 하우스(Smart House), 인텔리전트 아파트(Intelligent Apartment), 사이버 아파트(Cyber Apartment), 스마트 홈(Smart Home), 인텔리전트 홈(Intelligent Home) 등은 이러한 시도들을 일컫는 용어로 각 연구나 개발 주체에 따라 각기 다른 용어가 사용되고 있다. 그 이유는 아직 개념이 이론적으로 정립되어 있지 않기 때문이다.

최근 이러한 다양한 용어의 개념을 포괄적으로 사용하고 있는 '지능형 주택'이라는 개념을 사용하였는데 지능형 주택은 '주거환경에 정보기술을 적극적으로 도입함으로써 편리성, 쾌적성, 안전성, 오락성, 정보지원성 등 주거환경의 지원성을 증진시키려는 시도를 모두 포함하는 개념'으로 사용되고 있다.

본 장에서는 유비쿼터스 주거환경으로 변화되어 가기 위한 주택과 주거환경시스템의 현황 및 전망을 살펴보고 여기서 나타난 문제점과 과제를 제시하였다.

제1절 지능형 주택의 도입

1. 지능형 주택의 개념

정보화 사회의 발달은 주택에도 영향을 미쳐 첨단 컴퓨터 및 전자·정보시설을 바탕으로 주택 내 정보망을 구축하게 되었다. 주택은 예전의 단순한 안식처로서의 기능을 넘어서 그 기능 및 역할에 큰 변화를 가져오게 되었다.

지능형 주택은 '이미 기존 주택에 구축된 인터넷 이용환경을 기반으로 하는 홈오토메이션시스템을 설치하고 홈 네트워크로 연결하여 자동제어는 물론 주택 내·외부에서 원격제어가 가능하고 컴퓨터와 홈오토메이션기기를 공유함으로써 주거의 편리성, 안전성, 쾌적성, 오락성, 정보화를 증진시키는 주택'을 의미한다.[17]

이상과 같은 최근 등장하고 있는 지능형 주택의 정의를 정리하면 [그림 3-1]과 같다.

---

17) 임미숙, 「지능형 아파트의 개념과 구성요소」, IBS저널(3호), IBS Korea, 2002.

<table>
<tr><td align="center">인터넷 이용환경
(정보화)</td><td></td><td align="center">홈오토메이션(HA) 시스템
(편리성, 쾌적성, 안전성, 오락성)</td></tr>
<tr><td>· 인프라 구축(정보통신망)
· 통신시스템(e-mail, webphone)
· 정보/생활서비스시스템
-홈쇼핑, 홈뱅킹, 단지홈페이지
-VOD, 네트워크게임, 재택교육
-통합관리(하자처리)</td><td align="center">↔
홈
네트
워크</td><td>· 시큐리티시스템(보안/방재/안전 등)
· 실내환경조절시스템(냉난방/조명조절 등)
· 가사생활지원시스템(쓰레기처리 등)
· 문화/건강생활지원시스템(오디오공유 등)
· 컨트롤시스템(리모콘/전화/음성/인터
넷제어)</td></tr>
<tr><td align="center">Information/Communication</td><td></td><td align="center">Control/Entertainment</td></tr>
</table>

HA기기 자동/원격제어 컴퓨터 · HA기기 공유

[그림 3-1] 지능형 주택의 정의

각 국가에서 사용하는 지능형 주택에 관한 개념을 [표 3-1]과 같
이 분류하였다.

[표 3-1] 각 국가의 지능형 주택 개념

	개 념
미국	미국의 인텔리전트 주택을 지칭할 만큼 보편적으로 사용되고 있는 용어인 스마트하우스는 과학기술을 사용하여 거주자가 건강하고 쾌적하고 안전한 삶을 영위할 수 있도록 하는 주택을 의미하며 일반적으로 다양한 센서에 적합한 시설을 가지고 있는 것을 의미
일본	1990년에 동경에 건립된 트론(TRON: The Real time Operating Nucleus)하우스에서는 복잡한 기능을 단순한 조작에 의해 컨트롤할 수 있도록 모든 기기를 유기적으로 접속하고 제어시스템을 통일시켜 사용자의 용이성 높임

	개 념
영국	인텔리전트 기술 분야에서는 커뮤니케이션과 홈오토메이션(Home Automation)의 실현을 목표로 하여 미래를 고려한 배선 시스템, 자동제어, 시큐리티, 생활지원시스템, 엔터테인먼트시스템, 커뮤니케이션시스템, 홈 오피스 등의 시스템을 적용하였고 환경적인 측면에서는 저 에너지(low energy), 물 보전, 지속 가능한 주택을 의미
프랑스	주택설비기기의 자동화를 위한 마이크로프로세서의 이용, 에너지관리를 위한 도모티크 컨트롤 패널, 미니텔과 새로운 서비스 개발, CATV, 첨단의 컴퓨터 메니지먼트, TV를 이용한 커뮤니케이션, 재택학습, 재택근무, 텔레컨트롤을 할 수 있는 인텔리전트 주택
한국	정보산업이 고도로 성장하면서 멀티미디어를 고려한 공간설계와 초고속 정보 통신망 구축으로 첨단 인텔리전트 빌딩에서 가능했던 모든 정보기능이 아파트로 옮겨져 일상 소비생활에 새로운 변화를 가져온 주택

출처: 임미숙, 「인텔리전트 주택의 개발동향 및 발전방안」, 주택, 대한 주택공사, 제66호, 2000, pp.46~58.

건설업체 간 지능형 주택건축 붐이 일면서 '광통신망 설치'와 '인터넷 서비스'에 관심이 높아지고 있다. 지능형 주택은 통신망 설비와 같은 하드웨어적인 측면과 각종 정보의 내용들로 나눠볼 수 있는데 하드웨어 측면에서는 현재 한국통신, 하나로통신, 두루넷 등 통신망 사업자의 광통신망 또는 케이블 TV망 등이 이용되면서 각 업체들은 통신사업자와 전략적으로 제휴해 지능형 주택사업을 추진하고 있다.

개별단지나 빌리지 또는 커뮤니티로 이름 붙은 단지군에 각종 생활정보 등 컨텐츠 제공을 위해서는 별도의 웹사이트가 운영이 된다. 각 업체들은 정보화 주택에 거주하는 주민들에게 최첨단의 편리한 생활을 즐기며 각종 정보를 집안에서 접할 수 있게끔 네트워크 구성을 추진 중에 있다.

또한 단지 내 완벽한 네트워크의 구축으로 단지별 차별화된 온라인, 오프라인 서비스가 제공되며 쇼핑, 의료, 금융 등 생활에 관련된 모든 서비스는 물론 지능형 주택만의 특화된 전자결재시스템으로 아파트 관리 업무의 효율이 극대화되도록 준비 중에 있다.

결과적으로 단순한 주거환경 개념에서 Home Office의 개념으로 바뀌게 되며 인터넷은 세계각지의 네트워크들이 공동의 전송조절 프로토콜과 인터넷 프로토콜을 통해 상호 연결되며 재택근무, 재택 영상진료, 전자민원 등이 가능해지고 나아가 인공지능을 갖춘 컴퓨터와 디지털화된 통신미디어가 결합되어 가상현실 기술의 발전에 이르게 되는 것이다. 이상과 같은 최근 추진되고 있는 지능형 주택의 기능을 정리하면 [그림 3-2]와 같다.

단, 이러한 모든 성능을 일시에 증진시키는 것이 아니라 수요자의 특성과 요구에 따라 각기 필요한 성능 제고를 추구하는 아파트가 비용적인 측면에서 개발가능성이 높다.

즉 지능형 주택은 현재까지 개발된 모든 첨단의 시스템으로 무장한 미래 주택이 아니라 현재의 일반적인 주택에 수요자 특성별로 필수적인 시스템을 위계적으로 도입하여 실현가능성을 높인 새로운 주택이라 말할 수 있다.

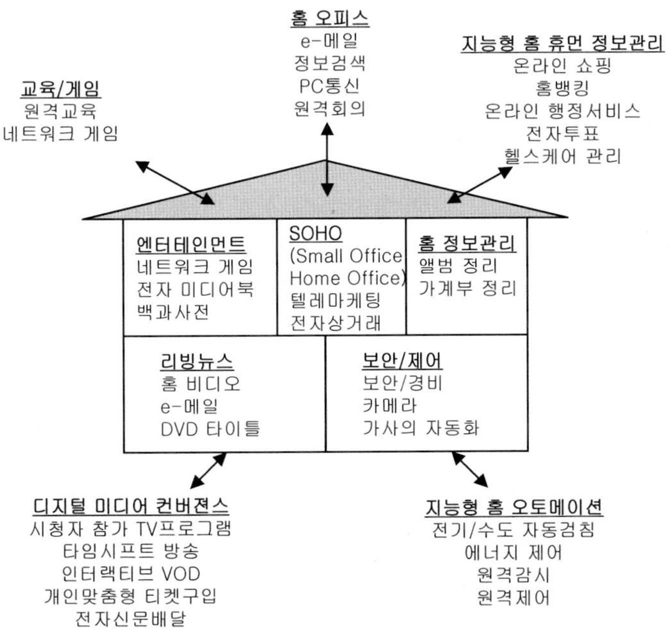

[그림 3-2] 지능형 주택의 기능[18]

2. 지능형 주택의 구성요소

다양한 첨단 IT기술이 구현되어야 의도한 성능을 발휘할 수 있는 지능형 주택은 정보통신망, 홈오토메이션, 홈 네트워크 등과 같은 요소기술, ISP와 네트워크 플랫홈, 단말기 등과 같은 지원기술의 기술계획과 공간, 설비, 시공계획 등과 같은 건축계획이 유기적·종합적으로 고려되어야 한다. 궁극적으로 주거공간의 안전성, 편리성, 쾌적

---

18) 산업자원부, 「유비쿼터스 지향형 지능형 홈산업 발전전략」, 2003. 9. 25.

성 및 오락성을 제고하며 거주자의 정보화에 기여하는 주택의 지능화 기술은 건축공간에 구현되어야 하므로 효용성을 극대화하기 위해서 건축계획과 기술계획이 일체화되어야 한다.

현재 지능형 주택개발의 요소기술에는 다양한 세부기술들이 개발되어 적용되고 있으므로 이에 대한 분석적 선택방안이 필요하며 지원기술과의 관계성을 고려한 요소기술 계획이 요구된다.

(1) 요소기술

1) 인터넷 접속기술

- 유선: XDSL · HFC · 전용회선, 전력선 등,
- 무선: B-WLL · 위성망

2) 홈 네트워크 기술

- 유선: 이더넷 · 홈PNA · PLC · IEEE1394,
- 무선: 홈RF · Bluetooth · 무선LAN IrDA

3) 주거환경시스템(홈오토메이션)

- 시큐리티시스템(보안/방재/안전 등)
- 실내환경조절시스템(냉난방/조명조절 등)
- 가사생활지원시스템(쓰레기처리 등)
- 문화/건강생활지원시스템(오디오공유 등)
- 컨트롤시스템(리모콘/전화/음성/인터넷제어)

(2) 지원기술

- 네트워크 플랫홈(홈게이트웨이, 홈서버)
- 컨트롤러/단말기(정보가전, PDA 등)
- 인터넷기반 서비스(ISP)

3. 지능형 주택의 개발 동향

1990년대 초반부터 일어나기 시작한 주거환경에 지능형 시스템을 도입하고자 하는 노력은 정보기술의 급격한 발달과 함께 각종 전자기기나 첨단설비를 장착한 아파트를 중심으로 나타나기 시작하였다. 그러나 주거환경에 이러한 시스템을 도입하려는 노력은 정보통신 인프라가 아직 구축되지 않은 환경적 요인과 함께 연구·개발 초기단계로 관련기술에 대한 충분한 이해가 부족하여 다양한 시도가 이루어지지 못하였다. 이러한 상황은 1990년대 후반 급속하게 정보통신 인프라가 구축되면서 관심이 고조되고 관련기술에 대한 연구도 지속적으로 진행되어 건설업체를 중심으로 지능형 주택이라고 할 만한 모델들이 제시되기 시작하였다. 주로 적용 효과가 큰 아파트를 중심으로 적용되었고 이에 따라 명칭도 건설업체에 따라 '사이버 아파트', '인텔리전트 아파트', '지능형 아파트' 등을 혼용하여 사용되었다.

이미 80년대부터 지능형 주택 관련 연구가 활성화되었던 구미 선진국에서는 가사자동화를 실현시키려는 노력으로 홈오토메이션시스템 및 기기 개발에 큰 성과를 이루어냈다. 주택의 안전뿐만 아니라 편의성과 쾌적성, 오락성까지 제고시키는 다양한 분야의 기술이 개발되어 실용화되었다. 이후 90년대에는 주택의 자동화에 정보화 기능을 부가시킨 사이버 주택이 개발되어 진정한 의미의 지능형 주택이 구축되었다. 그러나 단독주택이 주요 주택유형으로 인프라 구축비용이 막대하여 현재까지 개발된 기술들의 시장성은 매우 낮은 편이다. 따라서 개발된 첨단의 기술들은 실험주택이나 관련회사들의 모델하우스로서 미래주택의 계획방향을 제시하고 있으며 실제 거주하는 일반주택에 대한 지능화 기술은 주로 저소득계층이나 노인을 위해 가장 필요한 기본적인 기술 중심으로 적용되고 있다.

각국의 특성을 살펴보면 유럽의 실험주택 및 모델주택은 현재까지 개발된 첨단의 지능화 기술을 보여주고 있다. 특히 지능화 기술뿐만 아니라 환경보전을 동시에 고려하고 있어 미래주택의 테마는 첨단기술과 환경임을 설명하고 있다. 그러나 실제 거주하고 있는 네덜란드와 프랑스의 지능형 아파트는 거주 계층에 따라 특화된 지능화 기술을 사용하고 있다. 노인을 위한 지능형 아파트에서는 시큐리티와 사용상 편의성을 높이는 단순화된 시스템을, 저소득층을 위한 지능형 아파트에서는 주거비 절감을 위한 에너지 절감 및 관리시스템을 적용하고 있다.

우리나라보다 먼저 정보화 주택에 대한 인증 제도를 실시한 일본은 비싼 인터넷 이용료 때문에 우리나라와 같이 활성화되고 있지 못한 실정이다. 주로 관련회사의 모델하우스와 고급 주택을 중심으로 지능화 기술이 적용되고 있으며 일반인들을 위한 지능형 주택은 아직 개발되지 못하고 있다. 그러나 정보가전이나 홈오토메이션 관련기술은 높은 수준으로 꾸준히 하드웨어 부분의 연구가 이루어지고 있다.

단독주택이 보편적인 주택형태이며 거주자들의 선호도가 높은 미국에서는 지능형 주택이 대부분 단독주택을 중심으로 개발되고 있으며 이에 따라 개별 건축주를 위한 홈 게이트웨이나 정보가전, 시큐리티나 홈 엔터테인먼트와 같은 시스템을 키트화하여 개발·판매하고 있다. 홈오토메이션, 홈네트워킹, 정보가전 등 지능형 아파트 관련 모든 부분에서 앞선 기술력을 보유하고 있으나 단독주택은 인프라 비용 때문에 아파트는 저소득층이나 노인, 소수계층 등의 거주계층 특성 때문에 활발한 보급 성과를 기대하기는 어려운 실정이다.

[표 3-2]는 각 국가별 지능형 주택의 개발기술 수준을 비교 정리한 것이다.

[표 3-2] 지능형 주택의 개발기술 수준 비교

		유럽	미국	일본	한국	개발여건/방향 (한국)
일반 특성	주요 선호 주택 유형	단독주택	단독주택	단독주택 공동주택 (맨션)	대단지 아파트	저렴한 인프라 구축비용
개발 특성	주요 사례	Integer House Piet Klerkx Legrand, Nuenen	Cisco, Cybermanor McNeil House OAtfield Estate	Tron House X-Project NAIS, HII House	-	·수요계층별 차별적인 아파트 개발 필요성 ·아파트→ 단독주택 개발로 확장
	공동 주택	노인용 저소득층용	노인용, 일반인용	고급 맨션	정보화 아파트 고급주상복합	
	개발 과정	자동·지능화→정보화	자동·지능화→정보화	자동·지능화→정보화	(자동)·정보화→지능화	지능화에 주력

		유럽	미국	일본	한국	개발여건/방향 (한국)
	통신망	ISDN	ISDN	ISDN	전용선	가장 우수한 인프라 환경
	홈네트 워크	구축 (공유시스템)	구축 (공유시스템)	구축 (공유시스템)	미구축	구축 필요성
기술 특성	HA	다양한 시스템 -시큐리티 -생활지원 -엔터테인먼트 -환경조절 -건강생활 -컨트롤시스템 -노인 지원	다양한 시스템 -시큐리티 -생활지원 -엔터테인먼트 -환경조절 -건강생활 -컨트롤시스템 -장애자 지원	다양한 시스템 -시큐리티 -생활지원 -엔터테인먼트 -환경조절 -건강생활 -컨트롤시스템 -노인 지원	·시큐리티 위주의 HA ·홈네트워크 미구축으로 개별 컨트롤 ·자동화위주 (지능화미흡)	·다양한 시 스템 개발/ 도입 ·자동화 초 기수준→지 능화
	기타 중점 개발 기술	에너지 절감 자원절약 기술	에너지절감 을 고려한 환경조절	첨단 수납시스템	인터넷기반 서비스(ISP)	

출처: 임미숙, 「지능형 아파트의 개념과 구성요소」, IBS저널(3호), IBS Korea, 2002.

제2절 주거환경시스템의 확산

주거환경시스템은 단지, 세대의 전력, 가전기기제어를 비롯해서 공동 현관 제어, 관리실 통화, 세대 간 통화, 방재설비, 자체 방범을 구축하는 단계에서 무인전자경비시스템이 도입되고 현재는 인터넷을 통한 원격검침 등을 하는 단계까지 이루어졌다. 또한, 지능형 주택은 초고속 정보통신망의 연결을 통해 홈쇼핑, 홈뱅킹, 화상전화 등 다양한 서비스를 제공해 줄 수 있어야 한다.

유비쿼터스 환경으로 인해 주거문화에 도입되고 있는 주거환경시스템은 현재 폭넓고 다양하게 도입 및 개발되고 있다. 본 절에서는 기존 지능형 주택의 주거환경시스템으로 도입되고 있는 '홈오토메이션 시스템(Home Automation)'과 최근 '디지털 홈(Digital Home)', '스마트 홈(Smart Home)'이라는 용어로 사용되고 있는 주거환경시스템의 도입 및 개발 현황을 살펴보고자 한다.

1. 주거환경시스템 주요기능

(1) 초고속 정보통신망과의 연결

한국통신, 하나로통신, 두루넷 등에서 제공하는 초고속 정보통신망과의 연결을 통해 보다 빠르고 정확한 통신서비스를 제공함과 동시에 아파트 내 각각의 단지와 세대를 전체적인 하나의 네트워크 망을 구축해 아파트 사용자 전체에게 최대한의 편의를 제공해야 한다.

(2) 재택근무, 교육, 홈뱅킹, 홈쇼핑, 원격진료

주택 내에서 인터넷망의 연결로 재택근무 및 교육 시에는 통신상의 장애를 최소화해야 하며 홈뱅킹과 홈쇼핑 및 원격진료 등의 개인적인 정보가 이용될 때에는 보안장치를 통해 사용자의 정보를 최대한 보호함과 동시에 고객의 신용을 바탕으로 한 정보 이용을 할 수 있어야 한다.

(3) 화상전화 통화

기존의 음성으로만 상대방과 통화를 할 수 있는 통신수단보다는 지능형 아파트라는 이름에 걸맞은 통신서비스를 제공한다. 아울러 아파트의 각 세대별로 화상전화 단말기를 설치해 아파트 단지 내뿐만이 아니라 외부와의 화상통화가 가능해야 한다.

(4) 인터넷 TV 이용

별도의 복잡한 PC설치와 절차 없이 셋톱박스와 일반 TV를 이용해 인터넷을 이용할 수 있다. 인터넷 TV의 특징은 이용자가 마음에 드는 인터넷 방송을 택해 볼 수 있으며 현재 일반 방송은 일방적 전송이라면 인터넷 방송은 양방향 전송이므로 보기만 하는 것이 아니라 자신이 방송에 참여도 할 수 있는 장점이 있다.

(5) 원스톱 리빙 서비스

아파트 단지 내에 상점들(헬스장, 수영장, 골프연습장, 은행, 세탁소, 전문식당 등)이 입주해 있어서 단지 내에서는 기존의 구축된 네트워크 망을 통해 사용자가 원하는 리빙 서비스가 가능하게 만든다.

(6) 자동화, 지능화 시스템 구비

거주자의 음성, 지문 등 자동인식을 통한 가정 내 기기의 자동제어를 한다. TV광고나 영화에서 본 미래형 주택처럼 외출 시의 자동

실내온도 조절, 조명의 밝기 조절 등으로 거주자의 최적의 생활조건을 만들어준다.

(7) 무인전자경비시스템

현대사회의 또 하나의 단점인 외부와 단절된 생활이 아파트단지에서 더욱 심화될 수 있다. 따라서 이를 보완하기 위해서는 주민이 안심할 수 있는 주거지역의 경비시스템을 마련해야 한다. 이를 위해서는 보안을 책임지는 전문 경비업체와 연동해서 단지 내의 주민보호를 극대화한다.

2. 주거환경시스템의 구성

주거환경시스템은 하루 중의 시간, 외기온도나 거주자가 선택한 조건에 따라 냉난방시스템, 조명장치, 시큐리티시스템 등이 자동으로 조절되는 것에서 출발하여 엔터테인먼트나 가사생활, 건강생활지원시스템이 부가되고 있다.

이와 같이 현재 개발 사용되고 있는 국내·외의 주거환경시스템은 매우 다양하다. 특히 주거환경시스템의 역사가 깊은 미국에서는 인터넷의 보급으로 이 분야의 발전이 가속화되고 있다. 현재 국내에 적용되고 있는 주거환경시스템을 기능적인 측면으로 시큐리티시스템, 환경제어시스템, 가사생활지원시스템, 문화건강생활지원시스템, 그리고 관리적인 측면에서 주택관리시스템, 자동제어시스템을 살펴보면 다음과 같다.

(1) 시큐리티시스템

출입문/창문센서, 동작감지센서(motion detector) 등을 설치하여 침입 시 경보음을 발하거나 외부에 통보하는 침입도난방지시스템, 비밀번호나 카드, 배지(badge), 지문인식 등을 사용하여 외부인의 출입을 통제하고 방문자를 영상으로 확인한다.

부재 시 방문자를 녹화하고 거주자의 휴대단말기로 전송할 수 있는 주동, 현관 출입시스템, 각종의 감지기를 설치하여 화재, 가스누출, 누수 등과 같이 재해발생 시 경보음을 울리거나 외부에 통보하는 재해감지시스템, 동작감지센서를 설치한다.

노약자가 일정 시간 움직임이 없을 때 외부의 케어센터나 가족에게 통보하거나 구급콜을 설치하여 노약자가 위급 상황을 스스로 알리는 구급시스템, 프로그래밍된 열쇠나 카드 하나로 거주자가 사는 주동 현관문, 세대 현관문과 세대의 각 실을 출입할 수 있는 지능형 통합 키 시스템, 외출 시 현관 가까이 설치된 스위치를 눌러 냉장고를 제외한 가전제품과 가스, 조명 등을 한꺼번에 꺼주는 외출안전시스템, 비상시 순간정지 기능과 자동문 열림 기능, 고장 여부를 파악하여 외부에 통보하는 엘리베이터안전시스템, 감시카메라가 설치된 해당공간(주차장, 놀이터, 세대 내부 등)을 집안의 TV화면이나 웹패드, 외부에서 PC로 모니터링하는 CCTV/Webcam 모니터링시스템 등이 있다.

(2) 환경제어시스템

실내의 열 환경과 조명 제어를 중심으로 하는 환경조절시스템에는 먼저 실별로 적정 환경을 프로그래밍하여 거주자가 원하는 온도나 습도로 자동 조절되는 냉난방제어 및 자동환기시스템 등의 열 환경 관련 시스템이 있다.

한편, 조명제어시스템(Lighting Control System)은 내부의 조명이 광센서나 창문/출입문센서, 동작감지기와 연동되어 자동제어 되거나 컨트롤러나 리모컨 등을 이용하여 다른 시스템과 통합 제어하는 방향으로 적용되고 있다.

(3) 가사생활지원시스템

세대 내에 쓰레기 투입구를 두고 이를 통해 방출한 쓰레기를 자동으로 흡입하여 수거하는 쓰레기자동수거시스템, 주로 인터넷 렌지, 냉장고 등의 정보가전의 역할로서 인터넷을 통한 메뉴를 다운받아 전자레인지에 재료를 넣으면 원하는 요리를 해주고 인터넷냉장고는 적재된 품목을 체크하여 필요한 식료품을 자동으로 주문하는 등의 요리지원시스템, 적외선센서를 이용한 자동수전시스템, 하루 중 전기 요금이 가장 저렴한 시간에 맞추어 자동으로 세탁기와 식기 세척기 등을 작동시키는 저비용 가전제품 자동작동시스템, 각 실마다 중앙 집진식 청소구가 설치되어 간편하게 청소할 수 있는 청소지원시스템 등이 있다.

(4) 문화건강생활지원시스템

엔터테인먼트 네트워크를 통해 주택 내 어느 공간에서나 오디오나 비디오를 공유할 수 있는 오디오, 비디오 공유시스템, 거실 등에 대형 스크린을 설치하고 DVD를 통해 비디오를 관람할 수 있는 홈 시어터시스템, 물의 양, 온도 및 시간을 프로그래밍할 수 있는 자동수위 온도조절 욕조시스템, 주택 내에서 자가진단 변기 및 장비를 통해 건강상태를 스스로 체크하고 담당병원으로 데이터를 보낼 수 있으며 원격진료를 받을 수 있는 건강체크시스템 등이 있다.

(5) 주택관리시스템

각 세대의 전기와 가스 등의 에너지 사용량을 관리소나 관리회사에서 파악하여 관리비를 부과하고 사용량을 조절할 수 있도록 안내하는 에너지관리시스템, 각 가정에서 사용하는 가스, 전기, 수돗물 등을 각 세대를 방문하지 않고도 관리소나 관리회사에서 세대별 사용량을 검침하는 원격검침시스템 등이 있다.

(6) 자동제어시스템

가전기기나 조명등을 리모컨으로 조절하는 리모트컨트롤시스템, 음성으로 주택 내 가전기기나 조명등을 작동시키는 음성컨트롤시스템은 주로 노인이나 장애인에게 유리한 시스템이다. 한편 주택 외부에서 전화기나 인터넷 등을 이용하여 주택 내 가전기기나 조명등을 작동하는 원격제어시스템은 주거환경시스템의 대표적인 특성이다.

[표 3-3]은 주거환경시스템 구성에 대하여 정리한 것이다.

[표 3-3] 기본 주거환경시스템

구 분	기본 시스템
시큐리티시스템	침입도난방지시스템, 주동출입시스템, 화재가스누출감지시스템, 엘리베이터안전시스템, 구급시스템, 통합키(key)시스템, 외출안전시스템, 세대현관출입시스템, CCTV 감시시스템
실내환경조절시스템	자동점등시스템, 난방조절시스템, 자동환기시스템, 공기청정시스템, 냉방조절시스템, 조명밝기조절시스템, 조명일괄 on/off시스템, 전동커튼 블라인드시스템, 자동소등시스템
가사생활지원시스템	쓰레기자동수거시스템, 요리지원시스템, 자동수전시스템, 저비용가전제품자동작동시스템, 청소(클린)시스템
문화건강생활시스템	홈시어터시스템, 오디오공유시스템, 자동수위/온도조절욕조시스템, 비디오공유시스템, 중앙정수시스템, 건강체크시스템
주택관리시스템	통신시스템, 정보서비스시스템, 에너지관리시스템, 원격검침시스템
자동제어시스템	리모트컨트롤시스템, 타이머컨트롤시스템, 음성인식시스템, 원격제어시스템

3. 실별 주거환경시스템

(1) 단자함(Station Room)

1) Home Server

음성 및 인터넷 컨텐츠로부터 명령을 받아 하부 시스템(전력, 조명, 보안 등)에 해당 명령을 전달하여 실행한다. Home Server 내 Web Server 기능을 갖고 있어 세대 내 각 PC, 단말기, Set Top Box에 각각의 IP를 할당한다.

2) 세대 통신 단자함

외부로부터 송신되는 Network, CATV Cable, 전화 Line을 하나의 단자로 통합 관리하여 각 실 간 통신 및 세대 통신을 원활히 구성할 수 있다.

(2) 거실

1) Home Theater

디지털 방송이나 DVD 등의 다채로운 차세대 미디어환경에 대응할 수 있는 시스템으로, 대화면 PDP의 고화질과 DTS(Digital Theater System)가 실현된 입체사운드를 지원하는 마치 극장이나 영화관에 있는 것과 같은 현장감을 지원한다. 또한 다양한 채널을 지원하여 쇼핑정보, 생활정보를 대화면 PDP로 생동감 있게 지원한다.

2) WEB Screen Phone

간단한 Touch Screen 방식으로 손가락 하나만 Monitor Screen에 대면 영상통화는 물론 쉽고 편하게 인터넷을 즐길 수 있는 첨단 Style의 Web Phone이 설치되므로 빠르게 서비스를 이용할 수 있다. 주요기능으로는 화상전화, 인터넷 검색, E-mail 송수신, Homepage, Home Security, HA, 전자상거래, 단지 생활정보, Cyber Community를 제공한다.

3) 생활정보 단말기

생활을 지원하는 생활정보 서비스와 인터페이스를 이루는 것으로 정보단말기는 무선방식을 도입하여 다른 장소로 간단하게 이동할 수 있으며 또한 조작은 매우 간단하게 할 수 있도록 설계되어 사람들이 쉽게 취급할 수 있도록 간단한 펜 또는 손으로 터치할 수 있도록 구성되어 있다. 주요기능으로는 Memo Function, 생활정보의 장, 에너지관리시스템, 에너지소비모니터, HA 제어관리시스템 등이다.

4) VOD(Video On Demand)

가정에서 송수신되는 프로그램을 홈 서버에 축적하여 자신이 원하는 좋은 시간대에 보고 싶은 프로그램을 불러내어 보는 축적형 시청시스템이다. 축적된 방송 프로그램은 EPG에 의하여 관리되고 있기 때문에 종래의 비디오를 이용한 시청과는 다르고 라이브방송과 동일한 채널을 변경하는 방식으로 프로그램을 선택한다.

5) 홈 공조시스템

아파트의 중앙난방시스템을 개선하고 각 거주자의 취향에 따라 온

습도를 조절할 수 있는 독립형 홈 공조시스템으로 Zone별로 각각 온도 설정이 가능하여 개성이나 연령이 다양한 가족 구성원 모두에게 가장 적절한 실내 환경을 제공해 줄 뿐만 아니라 외기를 최대한 활용함으로써 에너지 절약도 가능한 환경 친화적인 시스템이다.

6) 터치스크린형 HA 기기

HA 웹패드를 통한 조명, 가스밸브, 전동창호, 전동커튼 제어와 핸드폰을 이용한 원격제어가 가능하다.

7) Electronic City Service

공공시설의 예약 등 다양한 지역자치제 서비스를 자택에 앉아서 받을 수 있다.

8) 생활정보 서비스

대화면 PDP를 통해 가족의 스케줄을 확인하면서 영화나 여행의 티켓 등을 예약하고 인터넷상의 상이한 정보 등을 조합하여 새로운 정보를 창출한다.

9) EPG(Electronic Program Guide)

다양한 방송국으로부터 네트워크를 통하여 보내지는 프로그램 정보를 한 장의 프로그램표로 일괄 관리한 EPG를 적용, 400채널 이상의 방송 프로그램을 스크린을 통해 간단하게 확인할 수 있다.

(3) 객실(Personal Room)

1) Network 학습

비디오 애니메이션을 사용한 멀티 미디어형 교재를 인터넷을 통해 입수하여 애니메이션 메일을 활용하고 답안을 보내고 첨삭을 받거나 질문하거나 하는 일 등을 자택에 앉아서 쌍방향 학습으로 처리한다. 시간의 제약을 받지 않고 자신에게 맞추어 진도에 맞게 학습할 수 있으며 이는 아이의 교육을 새로운 스타일로 양산할 뿐만 아니라 일반 성인에게도 영향을 줄 수 있는 시스템이다.

2) Multi Point Video Communication

분할된 화면에서 한번에 많은 사람과의 통화를 실시간 처리하는 애니메이션과 음성기술이 가능하며 상대의 모습뿐만 아니라 영상이나 텍스트 등을 이용한 자료의 서술이 가능한 양방향 Communication이다.

(4) 주 방

1) Network 전자레인지

미래주택의 주방은 건강관리와 밀접한 관계가 있는 다양한 시스템의 구성이 마련되어 있어 건강관리가 가능하며 생활정보 단말에서 수신된 가족의 건강수치데이터를 이용하여 음식재료를 네트워크를 통해 해당 업소에 발주, Recipe Data에 근거하여 전자레인지가 요리 Data를 자동으로 구성 조정한다.

2) Network 냉장고

미래주택의 주방에는 생활정보 단말뿐만 아니라 가전기기도 네트워크화되고 있으며 네트워크냉장고는 보존되고 있는 내용물을 한눈에 확인할 수 있는 디스플레이를 장비하고 있으며 냉장고 내의 내용물을 외출 중에도 휴대 단말로 확인할 수 있어 외부에서 음식재료를 사고 채우는 것도 가능하다.

(5) 욕 실

1) 욕실 건강관리네트워크

미래주택의 욕실에서는 욕실의 생활정보단말기를 통해 의료 전문가의 충고를 받는 것이 가능하고 화장실 내의 건강관리시스템 또는 전자건강검사기로 측정한 가족의 건강데이터는 네트워크망을 통하여 건강충고 서비스회사에 가족 개개인의 건강상태에 근거한 다이어트 정보 등을 구성할 수 있다.

2) 건강관리시스템

개개인이 수동 또는 검사기를 사용하여 계측된 체중, 체지방, 당뇨 Data는 자기관리의 목표가 될 뿐만이 아니라 이 데이터는 네트워크를 통하여 홈 서버에 지속적으로 저장되어지며 저장된 데이터를 기준으로 자신의 건강다이어트 계획을 수립할 수 있다. 또한 이 데이터는 외부의 네트워크망을 통하여 외부 다이어트 서비스업체로 전송되어 지속적인 관리를 받을 수 있으며 Recipe Service, 조리 데이터 서비스, 외부의 운동 건강 서비스업체 등에 링크하여 식사 습관 및 개인의 건강, 운동량 서비스의 제공도 가능하다.

(6) 침 실

1) 전자건강검사 단말기

미래주택의 침실에서는 네트워크를 통하여 건강을 관리할 수 있는 시스템을 준비하고 있으며, 체온계, 혈압계, 심전도계, 혈당치계의 4개의 바이오센서와 원격 진료를 가능하게 하는 전자스코프로 구성되어 있어 개인의 측정된 데이터가 홈 서버에 저장하고 Network를 통해 외부와의 접속이 가능하여 측정된 데이터를 기초로 의사에게 의료 상담을 받는 것이 가능하다.

2) 네트워크카메라를 이용한 보안 체크

가정 내 네트워크를 통해 네트워크카메라와 접속하여 PDP나 퍼스널 컴퓨터의 화면에서 이를 감시 및 관제할 수 있다.

(7) 출입문

1) 텔레비전 도어폰

도어폰 스위치가 눌린다면 도어폰의 내장 카메라로부터 내방자의 영상을 각 실의 모니터에 송신, 어느 방에서도 내방자를 확인, 대응할 수 있도록 구성되어 있다.

2) 내방자 자동 기록

부재 때에는 방문자의 영상을 리빙룸에 설치되어 있는 홈 서버에 방문객의 영상을 애니메이션으로서 기억, 보존하여 귀가 후에 부재중에 방문했던 내방자의 영상을 확인할 수 있다.

3) 외출 중 전송

도어폰의 내장 카메라로 파악된 영상은 Home Station 장비를 통하여 근무지의 퍼스널컴퓨터에 음성뿐만 아니라 영상을 전송하여 내방자와 양방향 회화를 나누는 것이 가능하다.

[표 3-4]는 실별 주거환경시스템에 대하여 정리한 것이다.

[표 3-4] 실별 주거환경시스템

실별	주거환경시스템
단자함	Home Server, 세대통신 단자함
거실	Home Theater, WEB Screen Phone, 생활정보 단말기, VOD(Video On Demand) 홈 공조시스템, 터치스크린형 HA 기기 Electronic City Service, 생활정보 서비스 EPG(Electronic Program Guide)
객실	Network 학습, Multi Point Communication
주방	Network 전자레인지, Network 냉장고
욕실	욕실 건강관리 네트워크, 건강관리시스템
침실	전자건강검사 단말기, 네트워크 카메라를 이용한 보안 체크
출입문	텔레비전 도어폰, 내방자 자동 기록 외출 중 전성

4. 주거환경시스템 관련 장치

주거환경시스템은 중앙처리장치(CPU; Central Processing Unit)와

사용자 인터페이스인 단말기로 구성된다. CPU는 홈 게이트웨이나 홈 서버가 역할을 하고 단말기는 다양한 형태가 개발되어 사용되고 있다.

(1) 홈 서버, 홈 게이트웨이

홈 게이트웨이(Home Gateway)는 인터넷 접속망과 홈 네트워크를 연결해주는 역할을 한다. XDSL, B-WILL, Cable망, 위성망 등의 접속된 외부망을 다양한 홈 네트워크와 연동시켜 주택 내에서 인터넷을 공유하고 외부에서도 컨트롤이 가능하게 해준다.

홈 게이트웨이는 가정 내에서 인터넷사용 증가, 멀티미디어 서비스의 증가 및 다양화, 인터넷정보가전의 출현으로 가전제품의 지능화 및 디지털화, 홈 네트워크화의 시도 등에 따라 그 필요성이 크게 부각되고 있다. 현재 개발되고 있는 홈 게이트웨이는 세대 통합 관리반 내에 설치되는 형태와 외부에 독자적으로 설치되는 형태로 나눌 수 있다.

(2) 컨트롤러(단말기)

주거환경시스템의 사용자 인터페이스로는 단순하게 컨트롤러의 역할을 하는 단말기와 주거환경시스템을 작동하는 동시에 인터넷을 할 수 있는 온라인 정보단말기 역할을 할 수 있는 형태로 나눌 수 있다. 이러한 단기는 기본적으로 다양한 유무선 홈 네트워크 기술에 연결되어 기능하게 된다.

정보단말기로는 PC보다 사용자에게 친숙한 인터페이스를 제공한다는 장점이 있는 셋탑박스를 일반 TV에 장착한 인터넷 TV, 부착 또는 이동이 가능하며 작동이 간편하여 주부나 노인 등 컴퓨터에 친숙하지 않은 계층에 접합한 터치스크린 방식의 웹패드, 인터넷냉장고 등과 같이 최근에 성장하고 있는 정보가전, 가장 정밀한 방식의 컨트롤러나 설치장소가 고정되어 있고 부팅시간이 단점으로 지적되는 PC, 장소에 구애받지 않으며 실내에서의 컨트롤러는 물론 원격제어기로도 적용이 가능한 개인용 휴대정보단말기(PDA: Personal Digital Assistants) 등이 있다.

컨트롤러는 어떤 HA 시스템이나 관련 기기보다 사용자와의 관계가 밀접하므로 수요계층에 따라 적정 단말기를 선정해야 한다. 즉, 단말기가 전체 HA 시스템에 대한 사용자의 평가 척도가 될 수 있으므로 수요계층별 적정 단말기를 기준으로 한 정보통신망이나 홈 네트워크 기술선정이 고려되어야 한다.

제3절 주거환경시스템 도입 현황과 발전전망

1. 도입 현황[19)]

지난 1999년 4월부터 시행 중인 정부의 초고속 정보통신 건물인증 제도의 도입 이후 주요 건설업체들이 경쟁적으로 추진하고 있는 지능형 주택은 단순한 초고속 인터넷망의 제공 수준을 넘어 주택 내에서 초고속 인터넷을 효율적으로 이용할 수 있는 각종 정보단말기와

---

19) 이상완, 「유비쿼터스 지능형 주택의 표준기술 현황 분석 및 사용자 선호도 조사에 관한 연구」, 연세대학교 석사학위 논문, 2005. 6. 사례부분 재정리.

컨텐츠서비스를 아울러 제공하고 있다. 즉, 인터넷TV, 디지털TV, 웹폰(Web Phone) 등 남녀노소를 막론하고 가족 구성원 누구나 손쉽게 사용할 수 있는 정보단말기를 기본적으로 제공하고 이를 통하여 홈뱅킹, 홈쇼핑, 민원서비스, 지역정보 등 지역밀착형 커뮤니티와 전자상거래 기반을 제공하고 있다.

그러나 아직 본격적인 지능형 시스템이 적용된 사례는 일반 주택이나 아파트에서 찾기 어려우며 주로 초고속 정보통신망과 시큐리티 시스템, 경보시스템 등 기본적인 시스템만이 구축되어있는 실정이다.

정보통신부에서는 디지털 홈의 보급 확대와 고도화 촉진을 위해 사이버아파트 인정제도와 유사한 '홈 디지털 서비스 인정제도'를 홈 네트워크 및 서비스 수준(4A: Anytime, Anywhere, Anydevice, Anymedia) 구현 정도에 따라 건축물에 대한 등급을 부여할 계획에 있다.[20] 디지털 홈 응용서비스 발전전망은 다음의 [표 3-5]와 같다.

[표 3-5] 디지털 홈 응용서비스 발전 전망

구 분	서비스 내용
1단계 (홈오토메이션 및 원격제어)	- 외부 방문자를 확인하고 도어를 자동으로 열어주는 형태의 간단한 홈오토메이션 서비스 제공 - 전력선통신방식을 이용하여 전등, 가스 등과 네트워크 기능이 부가된 가전기기 등을 원격으로 제어
2단계 (양방향 멀티미디어 서비스)	- 고품질의 HDTV, VOD등 양방향 멀티미디어 서비스 TV를 통해 가능하여 시청과 동시에 원격으로 주문, TV프로그램에의 참여 - TV로 수신한 데이터 등을 PC등 네트워크에 연결된 기기로 송수신이 가능하여 다양한 서비스 창출이 가능

---

20) 정보통신부, 「디지털 라이프 실현을 위한 디지털 홈 구축 기본계획」, 2003.7.2.

구 분	서비스 내용
3단계 (기기에 구애받지 않는 서비스)	- 가정 내의 모든 기기(TV, PC, 가전기기, 전등 등)가 하나의 네트워크로 구성되어 기기에 관계없이 서비스 가능 - 가정 내의 기기들이 지능화되고 음성인식 기능 등이 부가되어 노약자, 장애인 등도 편리한 조작이 가능

출처: 정보통신부, 「디지털 라이프 실현을 위한 디지털 홈 구축 기본계획」, 2003.

(1) EzVille

GS건설사 외 8개 건설회사와 전문적인 INTERNET SERVICE 제공사 11개 업체가 참여하고 있는 EzVille의 홈 네트워크시스템은 즐거운 생활, 정보화 생활, 편리한 생활과 안전한 생활을 표방하며 홈 네트워크를 구축하고 있다. 멀티미디어 정보 서비스, 미디어 중심 신 주거문화의 제시와 더불어 홈시어터, 각종 A/V 기기들을 통해 즐거운 생활을, 단지 내 통합 네트워크 구축 및 사이버 커뮤니티 생성과 가정 내 각종 상황 모니터링을 통해 정보화 생활을 위해 노력하고 있다. 효율적인 홈오토메이션 구축, PDA와 웹패드 등을 이용한 통합 컨트롤과 가정 내 제어를 통해 편리한 생활을, 화재 및 가스누출 예방, 방범 시스템을 통해 안전한 생활을 추구한다. 홈 네트워크시스템의 주요기능은 다음 [표 3-6]과 같다.

[표 3-6] Ezville 홈 네트워크 시스템의 주요기능

주요기능	각 기능별 요소
자동제어 시스템	온도 제어, 조명 제어, 가스밸브 제어, 전동커튼 제어 등
방범 및 방재 시스템	화재 및 가스검침, 방범센서 작동, 비상 및 구급 스위치, 주차관계 시스템 연동
방문자 영상 시스템	공동현관 방문자 영상, 세대현관 영상, 방문자 리스트, 방문자 동영상 외부 PC제어 실시간 확인
화상 인터폰 시스템	세대 간 화상 인터폰, 관리실 및 경비실 통과 기능
원격 검침 시스템	전력, 가스, 수도, 온수, 열(유)량 원격 검침 서비스, HA 세대기와 인터넷을 이용하여 실시간 사용량 확인, 세대 관리비 자동 산출 프로그램에 Back DATA로 이용됨
정보가전제어 시스템	인터넷 정보가전 제어 및 모니터링 서비스
멀티미디어 STB 시스템	각종 콘텐츠 및 생활편리 서비스 입주자에게 공급 편리함과 엔터테인먼트가 강화된 아파트로 생활의 편리성 향상
관리사무소 콘텐츠 제공	관리사무소 공지사항 HA세대기에 자동 알림 기능 월별 세대 관리비 내역 공지 기능, 이메일 알림 기능
인터페이스 기기지원	음성인식 인터페이스 기기 지원, 터치스크린 방식의 무선 웹패드
Volp 서비스	인터넷을 통해 음성을 전달

출처: www.ezville.co.kr

(2) CVnet

삼성물산이 주관사로 있는 CVnet은 각 시나리오에 맞는 디지털 홈서비스를 제공한다. 홈 네트워크시스템의 주요기능은 다음 [표 3-7]과 같다.

[표 3-7] CVnet 디지털 홈 시스템 주요기능

주요기능	각 기능별 요소
기반시스템	세대통합 관리반
첨단시스템	전력선 통신, 이더넷 무선랜, 통한컨트롤
환경시스템	공기청정(환기+가습)시스템, 난방온도제어시스템 난방제어 (DVM)시스템, 주방환기시스템 진공청소시스템

출처: cvnet.co.kr

[표 3-8] 시나리오별 통합 컨트롤

시나리오	시나리오별 컨트롤 요소
기상통합컨트롤	기상 알람, 보안 해제, 조명 켜짐, 블라인드 열림, 전동창 열림, 커피메이커 작동, 검사기기 가동 등
취침통합컨트롤	가스브 차단, 조명 꺼짐, 취침에 적합한 공기청정시스템, 블라인드 닫힘, 전동창 닫힘, 보안설정, 기상알람 설정 등
요리통합컨트롤	급기라인 디퓨저로 에어커튼을 형성 레지후드와 천정 배기팬이 작동되어 음식 냄새 배출
외출통합컨트롤	보안 작동, 조명 꺼짐, 블라인드 닫힘, 난방 및 에어컨 OFF 등
귀가통합컨트롤	보안 해제, 조명 꺼짐, 블라인드 열림, 공기청정시스템, 난방 및 에어컨 작동 등
극장통합컨트롤	PDP, DVD 작동, 내장형 스피커 작동, 극장형 조명, 블라인드 닫힘 등
재택근무컨트롤	각종 PC 시스템 가동 등

출처: cvnet.co.kr

CVnet이 추구하는 디지털홈시스템은 기상, 취침, 요리, 외출, 귀가, 극장, 재택근무 시스템 등으로 라이프스타일에 따라 주거에서 일어날 수 있는 시나리오를 바탕으로 각 컨트롤 요소를 [표 3-8]과 같이 제공하고 있다.

(3) HomeVita

 삼성전자가 실시하고 있는 디지털 홈 시스템으로서 건축적인 요소 보다는 가전제품과 네트워크 시스템 간의 긴밀한 연계를 통해 편리한 생활을 위한 디지털 생활을 목적으로 연구개발하고 있다. HomeVita 의 경우 앞에서 소개한 CVnet과 삼성물산이 구축한 시스템의 연장선 상에서 확장된 디지털 홈을 제공하고 있다.

 HomeVita는 버튼 하나로 각 시나리오 모드별 솔루션을 실행하는 것을 원칙으로 하고 있다. 각 시나리오 모드는 주거 내 공간에 맞추어 준비되어 있다. 거실에서 귀가모드 솔루션의 경우를 예로 보면 홈패드를 통해 귀가모드가 실행되면 음악과 함께 조명이 켜지고 블라인드가 열리고 TV가 켜진다. 그리고 보일러가 자동으로 작동되며 쾌적한 온도를 유지하기 위해 에어컨과 외출 시 설정해 놓은 세탁기가 작동되는 등 각 상황에 맞는 적절한 솔루션을 제공하고 있음을 알 수 있다.

(4) BaHa

 삼성중공업이 디지털 사업의 일환으로 연구개발하고 있는 디지털 홈 시스템이다. 게이트웨이를 통해 단지서버와의 통신이 가능하며 모바일 기기나 PC 등을 통해 가전기기 및 가스밸브 등의 기기제어 등이 가능하다. 전력선 통신방식을 선택함으로써 네트워크의 기기의 추가 설치가 용이하며 별도의 통신용 배선이 필요하지 않음으로써 공간의 낭비를 줄일 수 있다. BaHa의 디지털 홈 시스템은 주거 내에 각 기기들을 설치함으로써 네트워크를 구성하고 있다.

2. 시스템개발 현황

유비쿼터스형 주거환경시스템에 대한 연구는 거주자에 대한 정보를 파악하는 것과 거주환경에 대한 정보를 파악하는 것으로 크게 나눌 수 있다. 즉, 거주자의 인식, 거주자의 위치 정보, 거주자의 행동(의사 표현, 작업 수행) 등을 스마트 홈에서 인식하고 그에 맞는 서비스를 제공하거나 거주환경(대상물의 인식, 대상물의 위치 정보, 실내온도, 실내조명 밝기 등)에 대한 거주환경 정보를 스마트 홈에서 파악하여 거주자의 정보와 연관지어 자동화된 서비스를 제공하는 것에 관한 연구가 있다. 스마트 홈에 관련된 연구에서 공통적으로 나타나는 내용은 거주자와 거주환경 정보를 수집, 인식, 행동하는 시스템을 개발하는 내용이다.

이러한 시스템은 다양한 센서를 이용하여 정보를 수집하고 수집된 정보를 이용하여 적절한 서비스를 제공하기 위해 퍼지(Fuzzy) 또는 신경망(Neural Networks) 등의 인공지능 기술들을 사용한다. 그러나 정확하고 효과적인 시스템 구축을 위해 거주자와 환경에 대한 최소 정보 단위가 무엇인지 또한 최소 정보단위를 위해 어떠한 센서들이 사용되어야 하는지에 대한 연구가 개별적으로 진행 중에 있다.

3. 시스템개발 전망

최근의 사회는 고도의 정보화 사회, 고령화, 여성의 사회진출, 가치관 생활의식 변화, 세대의 다양화, 고학력화 및 임금의 상승, 취업구조 형태의 변화, 여가의 증대 등 급격히 변화하고 있으며 이에 따라 필요 요구도 점점 다양해지고 있다. 그러나 현재까지의 HA 도입을 보면 방범·방재기능 정도의 단순하고 가족구성 형태를 고려하지 않은 획일적인 시스템이었다고 할 수 있다. 향후 주거환경시스템의 활발한 보급을 위해서는 가족구성 형태에 따라 필요한 기능을 부여할 수 있고 사회적 과학기술의 발달에 대응할 수 있는 시스템들이 개발되어야 할 것이다. 이와 같은 기술개발을 뒷받침하고 이와 더불어 발생하는 문제들을 해결하기 위해서는 각 분야에서 다음과 같은 관심과 노력이 필요하다고 판단된다.

(1) 정부 및 관련 단체 학회

- 관련 법규개선 및 제도화: 기기 시스템의 발달과 사회질서를 존중한 법규개선
- 기기, 시스템의 안전기준 확립
- 재택근무 및 재택학습에 대한 사회적 체계 확립
- 뉴미디어 네트워크의 충실한 구축: 신뢰성이 높고 사용료가 저렴한 네트워크의 구축
- 각종 데이터서비스 출현: 편리한 생활을 도모할 수 있는 각종 데이터서비스의 등장 필요
- 사회시스템의 연계성 확립: 각종 사회시스템 개발 시 연계성을 갖도록 유도

(2) 설계자 및 시공업체

- 건물의 내용 연수를 감안한 배선(관)시스템을 건물 시공 시에 구축
- 사용자의 정확한 요구파악: 주택의 크기, 거주자의 보편적 가족

구성 형태, 지리적 위치, 사회적 환경을 고려한 필수적인 기능의 파악과 인간 행동 메커니즘 고려
· 기기 설치 공간의 적합성 고려: 기기 설치 공간의 최적계획, 기기 교환 시에 대한 배려, 건축부재와의 일체화, 미적 요소 고려
· 프라이버시 확보를 위한 설계: 개인 및 가정정보의 관리가 네트워크를 통해서 이루어지므로 외부에 공개될 가능성과 범죄화될 가능성을 방지하기 위한 시스템 설계 필요
· 고령자에 대한 배려: 충분한 조도확보와 원격제어화, 승강기 저속 운행, 세대분전반 및 스위치류 설치높이의 낮춤과 와이드 터치화

(3) 주거환경시스템 기기 생산업체

· 다양한 기기 및 소프트웨어 개발: 소비자의 다양한 요구파악과 소비자의 라이프스타일에 적합한 기능 개발, 과학기술 발달에 대응할 수 있는 다양한 기기 및 소프트웨어의 개발
· 규격화·표준화 확보: 제조회사 및 시스템 간의 호환성, 기본적인 소프트웨어의 호환성, 기본조작의 통일성, 국제 규격의 고려
· 기술개발에 의한 저가격화: 초기 투자비와 운영비 절감을 위한 기술개발
· 신뢰성 있는 기기 생산: 제품 출하 시에 제품 안전검사체제 확립
· 조작이 간편하고 사용이 편리한 제품생산: 조작의 용이성, 취급 설명서·매뉴얼 등의 평이성, 오조작 방지대책 강구

(4) 소비자

· 소비자의 라이프스타일에 적합한 기능 선택 필요
· 기기활용에 대한 적극적이고 긍정적인 의식 필요

제4절 문제점과 과제

지능형주택은 몇 가지 응용서비스나 시스템으로 이루어지는 것이 아니라 원활한 통신을 위한 홈 네트워킹과 다양한 응용서비스 및 시스템으로 이루어진 홈오토메이션이 유기적으로 통합되어 거주자에게 통합서비스를 제공할 수 있어야 한다. 그러나 현재 우리나라에서 시도되고 있는 지능형 주택은 주로 주택의 가치를 높여 분양하기 위한 방안으로 흥미를 유발하는 몇 가지 응용시스템을 설비하는 경우가 대부분이다.

건축, 정보통신 등 다양한 기술이 융합되는 지능형 주택의 통합적 구현을 위해서는 전체 시스템의 논리적인 체계가 필요하나 아직까지 이와 관련된 연구는 미흡한 실정이다.

선진 외국의 지능형 주택 연구·개발 동향은 다음과 같이 몇 가지 특성으로 요약할 수 있다.

첫째, 지능형 주택 개발 주체는 다양한 분야의 다수의 기업체와 단체로 구성되는 경우가 많다. 영국의 Integer 프로젝트팀이나 네덜란드의 SmartHome Foundation과 같이 다수의 기업체나 단체들이 하나의 프로젝트팀이나 재단을 구성하여 각 분야의 전문가들이 지능형 주택 연구에 함께 참여하여 시너지효과를 내고 있다.[21]

둘째, 지능형 주택 개발목표로는 주거환경의 기본 목표인 쾌적성,

---

[21] 임미숙, 「국외출장 보고서: 수요대응형 인텔리전트아파트 표준모델 개발」, 대한주택공사, 2000.

안전성 등과 더불어 시간과 장소에 구애 받지 않으면서 편리한 사용 가능성이 대두되고 있다. 단순히 기술의 적용으로 편리성만을 추구하는 것이 아니라 주변환경을 고려한 환경친화적인 면을 강조하고 있다. 이처럼 여러 분야의 전문가들 간의 협력체계하에서 거주자의 요구에 부합하는 다양한 기능들을 중심으로 개발되고 있다. 그러나 선진 외국의 경우에도 지능형 주택의 시스템을 위한 논리적인 체계의 정립보다는 주로 응용서비스나 개별 시스템을 위주로 연구 및 개발이 진행되고 있는 실정이다.

지능형 주택의 가장 큰 특성은 홈 네트워크가 구축되어 인터넷과 디지털기기와 장비를 공유하고 이들을 내외부에서 제어 및 모니터링할 수 있다는 점이다. 앞으로 인터넷 정보 가전의 생산 및 보급이 가속화되고 통신, 방송, 단말 등이 융합되는 추세로 주택의 네트워크화는 새로운 주택건설의 트렌드가 될 전망이다.

[그림 3-3]은 지능형 홈 네트워크 개념도를 도식화한 것이다.

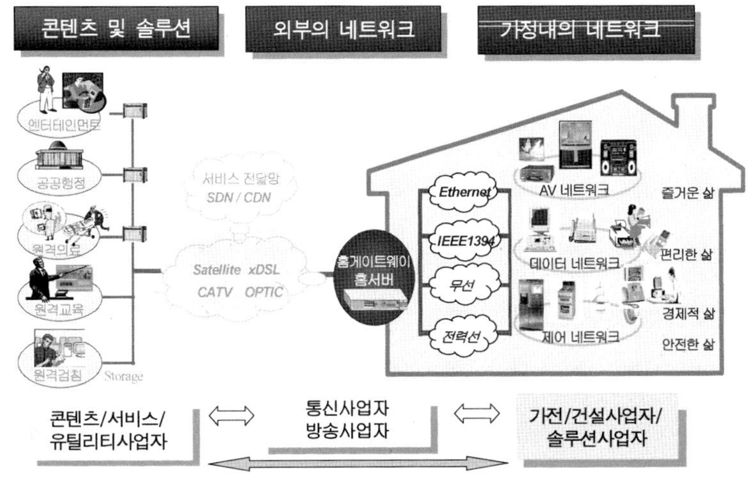

[그림 3-3] 지능형 홈 네트워크 개념도[22]

그러나 향후 IT업계의 주도권을 잡기 위해 컴퓨터, 가전업체들이 컨소시엄을 형성하여 다양한 홈 네트워크 및 정보통신망의 기술을 개발하여 독자적으로 적용하고 있으므로 이에 대한 상호 운용성 및 연동성을 고려한 신중한 기술 선정이 효율적이고 경제적인 지능형 아파트 개발에 매우 중요하다.

이와 같이 다양한 기술들은 거주자의 특성에 대응하고 있으므로 지능형 아파트는 이를 수용하는 다양한 레벨의 시스템을 갖춘 다양한 가격대로 개발되어야 한다.

또한 지능형 주택은 정보통신망, 홈 네트워크, 홈오토메이션, 각종의 디지털기기, 미들웨어, 소프트웨어 등의 각 분야의 기술이 주택이라는 건축공간에 수용되어 서로 연동됨으로써 주택의 편리성, 쾌적성, 안전성, 오락성 및 정보화를 제고시키는 것이다. 따라서 지능형

22) 산업자원부 보도자료, 「지능형 홈 산업 발전, 민간중심으로 이루어진다」, 2003. 11. 10.

주택에 구축되는 각 관련기술은 항상 구현되어야 하는 주택공간을 중심으로 적용성 측면에서 안전성과 신뢰성이 검증되어야 하며 동시에 주택 설계는 이러한 기술들의 성능을 제고시키는 방향으로 진행되어야 한다.

특히 저소득계층이나 노인, 장애자와 같은 첨단기술의 소외계층(digital devide)을 위한 지능형 주택의 개발을 통해 모든 국민이 인터넷·디지털문화를 향유할 수 있는 환경이 조성될 때 비로소 진정한 의미의 지능형 주택이 완성되는 것이다.

제4장

유비쿼터스와 주거환경시스템에 관한 선호 및 중요도 실증 분석

제1절 분석 방법

본 실증 분석은 일반 소비자들을 대상으로 주거환경시스템에 대한 선호도 및 중요도를 조사하여 유비쿼터스 주택개발 방안 및 마케팅 활성화 방안을 마련하는 데 목적이 있다.

본 연구의 실증연구를 위한 절차는 다음과 같다.

제1단계는 일반 소비자들의 주택 구매 행동과 관련하여 주택구입시 고려사항 및 현 주거주택의 만족도, 주택관련 신개념에 대한 인식수준, 주거환경시스템 활용 및 개발에 관한 의견, 강남 초고층아파트에 대한 인지도 결과에 대해 기술적 분석을 실시하였다.

제2단계는 제3장에 제시된 주거환경시스템 구성 중 관리적인 측면인 자동제어시스템과 주택관리시스템을 제외한 기능적인 측면에서의 시큐리티시스템, 실내환경조절시스템, 가사생활지원시스템, 문화건강생활시스템과 소비자들의 주거생활을 시나리오로 응용한 시나리오별 응용시스템에 대한 일반 소비자들의 선호도와 중요도에 대해 기술적 분석을 실시하였다.

제3단계는 인구통계학적 특성 중 지역별, 성별, 연령별 등 각 집단 유형에 따른 주거환경시스템에 대한 중요도의 차이 검증을 위해 ANOVA을 실시하였다.

본 실증 분석 방법을 도식화하면 [그림 4-1]와 같다.

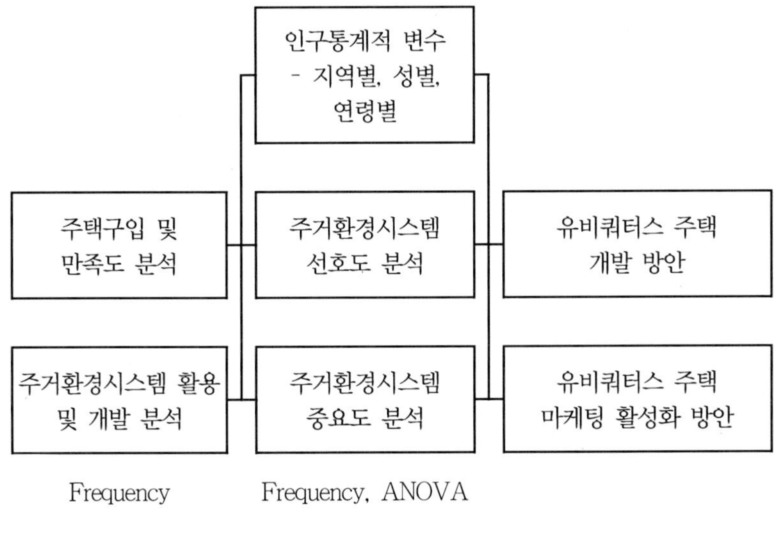

[그림 4-1] 연구의 모형

실증 분석을 위해 '부록'에 첨부된 내용의 설문을 서울과 각 지역시 이상에 거주하는 만 20세 이상 소비자 500명(서울 250부, 서울 외 지역 250부)에게 배포하였으며 이 중 390부(서울 150부, 서울 외 지역 240부)를 회수하여 불량설문 24부를 제외한 366부를 분석 대상으로 활용하였다.

각 항목의 선호도 및 중요도는 5점 리커트 척도로 표시하도록 하였으며 1점은 '전혀 중요하지 않다'를, 3점은 '보통이다', 그리고 5점은 '매우 중요하다'로 하여 5점에 가까울수록 중요 및 인지도에 대해 높다고 할 수 있다. 그리고 설문분석 결과에 대해서는 선호도 및 중요도를 빈도수에 의한 평균과 표준편차 및 우선순위로 분석하였다.

  설문응답자의 인구/사회통계적 분포를 토대로 표준응답자의 속성을 특성 변수별로 살펴보면 거주지가 서울 외 지역(60.7%)이고, 성별은 남자(53.66%)이며, 연령은 30대(40.7%), 학력은 대학졸(65.6%), 가족 월평균 수입은 3백만 원 ～ 4백만 원(35.8%), 주거형태는 아파트(67.8%), 주거소유는 자가(65.0%), 결혼 여부는 기혼(69.7%), 직업은 사무/관리직(47.8%), 그리고 컴퓨터 사용능력은 중급(63.7%)이었다. 이를 종합적으로 정리해보면 [표 4-1]과 같다.

[표 4-1] 설문응답자의 속성분포

변수	구 분	빈도 (명)	백분율 (%)	변수	구 분	빈도 (명)	백분율 (%)
거주지	서울	144	39.3	주거형태	아파트	248	67.8
	서울 외 지역	222	60.7		단독주택	118	32.2
성별	남자	196	53.6	주거소유 형태	자가	238	65.0
	여자	170	46.4		전/월세	128	35.0
연령	20대	77	21.0	결혼여부	기혼	255	69.7
	30대	149	40.7		미혼	111	30.3
	40대	89	24.3	직업	전문직	44	12.0
	50대 이상	51	13.9		엔지니어/기술	52	14.2
학력	고등학교 졸	73	19.9		사무/관리	175	47.8
	대학 졸	240	65.6		서비스/판매	12	3.3
	대학원 졸	53	14.5		학생	40	10.9
월평균 수입	2백만 원 이하	73	19.9		가정주부	25	6.8
	2-3백만 원	118	32.2		기타	18	4.9
	3-4백만 원	131	35.8	컴퓨터 사용수준	상급	74	20.2
	4백만 원 이상	44	12.0		중급	233	63.7
					하급	59	16.1

제2절 일반 실태 분석

1. 주택구입 시 고려사항 및 만족도

주택구입 시 고려사항에 있어 먼저 거시적인 측면에서는 가격
(10.9%)이나 투자가치(4.0%)보다는 주변경관/쾌적성(28.6%), 주거
시설의 편리성(21.3%), 교통/출퇴근의 편리(20.4%)를 고려하며 미시
적인 측면에서는 방향/위치(23.3%), 주차장, 체육시설 등의 주변 시
설(17.4%) 등을 고려하는 것으로 나타났다.

한편 아파트의 경우 아파트의 구매 동인(Key Buying Factor)을
살펴보기 위해 아파트를 분양 받거나 구매한 주요 기준이 무엇인지
에 대해 조사한 연구 결과에 따르면 입지보다 브랜드가 가장 중요한
것으로 나타났다.[23]

현 거주 주택에 대한 만족도는 보통이다(37.5%), 만족한다(31.5%)
와 만족하지 않는다(31.0%) 비슷하게 나타났다.

2. 주택 관련 신개념에 대한 인식

홈 네트워크, 유비쿼터스, 지능형 주택, 디지털 홈에 관한 인식은
보통이다(53.6%, 44.3%, 63.4%, 61.2%)로 나타났으며, 유비쿼터스,
지능형 주택, 디지털 홈 개념에 대한 인식도가 홈 네트워크에 대한

---

[23] 감덕식, 「아파트 시장에서의 고객만족 전략」, LG주간경제, 2004. 4.

인식도 보다 떨어지는 것으로 나타났다.

3. 서울 강남에 위치한 초고층 아파트에 대한 인지도

서울 강남에 위치한 초고층 아파트에 대한 항목별 인지도를 5점 리커트 척도로 살펴본 결과 부대시설이 좋을 것이다(4.24%), 내부 인테리어가 좋을 것이다(4.21%), 첨단시설을 갖추고 있을 것이다(4.09%), 품격이 느껴진다(4.01%)로 나타났다. 한편 유비쿼터스형 아파트일 것이다(3.52%)라는 의견은 매우 낮게 나타났다.

4. 주거환경시스템 활용 및 개발에 관한 의견

현 거주하는 주택에 주거환경시스템이 있는(22.3%)것은 저조하지만 주거환경시스템 사용에 따른 만족도는 보통이다(51.8%)이며, 별로다(18.8%)보다는 만족하는(30.0%) 것으로 나타났다.

유비쿼터스형 주거환경시스템이 주택에 설치되는 것에 대한 선호도는 좋으나(72.6%) 유비쿼터스 주거환경시스템 도입 시 기능보다 가격이 비쌀 것이다(53.5%), 불필요하거나 사용하지 않는 기능들이 많을 것이다(28.1%)라고 생각하고 있다. 이외 기타 의견으로 제공 매뉴얼이 좀더 단순·명료해졌으면, 사생활에 대한 보안이 이루어졌으면, 일체형이기보다는 DIY 형태로 필요한 기능만을 구입했으면 한다는 소수의 의견도 제시되었다.

제3절 주거환경시스템에 대한 선호도 및 중요도 분석

유비쿼터스 환경에 맞는 주거문화에 도입될 주거환경시스템 개발을 위한 소비자들의 선호도 및 중요도를 알아보기 위해 제3장에 제시된 주거환경시스템 구성의 내용 중 관리적인 측면인 자동제어시스템과 주택관리시스템을 제외한 기능적인 측면에서의 시큐리티시스템, 실내환경조절시스템, 가사생활지원시스템, 문화건강생활시스템과 소비자들의 주거생활을 시나리오로 응용한 시나리오별 응용시스템을 실증 분석에 활용하였다.

1. 주거환경시스템에 대한 선호도 분석

주거환경시스템에 있어 부문별 시스템에 대한 선호도를 살펴보면 실내환경조절시스템(41.1%), 시큐리티시스템(23.9%), 문화건강생활시스템(25.9%), 그리고 가사생활지원시스템(9.1%) 순으로 나타났다.

각 부문별로 세부 시스템에 대한 선호도를 살펴보면 시큐리티 세부 시스템에 있어서는 침입도난방지시스템(35.3%)과 화재가스누출감지시스템(27.0%), 실내환경조절 세부 시스템에 있어서는 공기청정시스템(27.4%), 난방조절시스템(25.6%), 자동환기시스템(24.2%), 가사생활지원 세부 시스템에 있어서는 쓰레기자동수거시스템(40.1%), 청소(클린)시스템(34.9%), 문화건강생활 세부 시스템에 있어서는 중앙정수시스템(24.9%), 건강체크시스템(24.0%), 홈시어터시스템(20.9%) 인 것으로 나타났다.

응용시스템으로 시나리오별 주거환경시스템에 대한 선호도를 분석한 결과 휴식모드시스템(33.3%), 외출모드시스템(21.2%), 재택근무시스템(13.4%)으로 나타났다.

2. 주거환경시스템에 대한 중요도 분석

부문별 주거환경시스템에 대한 중요도를 살펴보면 [표 4-2]에서 보는 바와 같이 높은 중요도를 보인 것은 실내환경조절시스템(4.3022)이며 다음은 시큐리티시스템(4.0163)인 것으로 나타났다.

[표 4-2] 부문별 주거환경시스템에 대한 중요도

항목	N	평균	표준편차
시큐리티시스템	246	4.0163	0.7503
실내환경조절시스템	278	4.3022	0.7074
가사생활지원시스템	247	3.6721	0.6578
문화건강생활시스템	264	3.8144	0.7797

시큐리티시스템에 대한 중요도를 살펴보면 [표 4-3]에서 보는 바와 같이 높은 중요도를 보인 것은 침입도난방지시스템(4.4985)이며 다음은 화재가스누출방지시스템(4.4042)인 것으로 나타났다.

[표 4-3] 시큐리티 시스템에 대한 중요도

항목	N	평균	표준편차
침입도난방지시스템	323	4.4985	0.6274
주동출입시스템	233	3.6738	0.7463
화재가스누출감지시스템	287	4.4042	0.7506
엘리베이터안전시스템	238	4.1345	0.6865
구급시스템	234	3.9017	0.6831
통합키(Key)시스템	232	3.9138	3.6516
외출안전시스템	247	4.0972	0.7955
세대현관출입시스템	227	3.6740	0.7923
CCTV 감시시스템	233	3.8197	0.8520

실내환경조절시스템에 대한 중요도를 살펴보면 [표 4-4]에서 보는 바
와 같이 높은 중요도를 보인 것은 자동환기시스템(4.3815)이며 다음은
공기청정시스템(4.3356), 난방조절시스템(4.3066)인 것으로 나타났다.

[표 4-4] 실내환경조절시스템에 대한 중요도

항목	N	평균	표준편차
자동점등시스템	247	3.6437	0.8181
난방조절시스템	287	4.3066	0.7022
자동환기시스템	270	4.3815	0.6890
공기청정시스템	298	4.3356	0.8133
냉방조절시스템	245	3.9959	2.1776
조명밝기조절시스템	230	3.4957	1.6632
조명일괄 on/off시스템	223	3.1525	0.8616
전동커튼 블라인드시스템	217	3.0599	0.9434
자동소등시스템	226	3.1195	1.0704

가사생활지원시스템에 대한 중요도를 살펴보면 [표 4-5]에서 보는
바와 같이 높은 중요도를 보인 것은 쓰레기자동수거시스템(4.4763)이
며 다음은 청소(클린)시스템(4.3019)인 것으로 나타났다.

[표 4-5] 가사생활지원시스템에 대한 중요도

항목	N	평균	표준편차
쓰레기자동수거시스템	317	4.4763	0.6190
요리지원시스템	231	3.0996	0.9434
자동수전시스템	231	3.4199	0.7468
저비용 가전제품자동작동시스템	280	3.9179	0.8320
청소(클린)시스템	318	4.3019	0.7345

문화건강생활시스템에 대한 중요도를 살펴보면 [표 4-6]에서 보는
바와 같이 높은 중요도를 보인 것은 건강체크시스템(4.1254)이며 다
음은 홈시어터시스템(4.0188)인 것으로 나타나, 선호도 분석에 있어
서 중앙정수시스템 결과와는 다른 결과를 보여주고 있다.

[표 4-6] 문화건강생활시스템에 대한 중요도

항목	N	평균	표준편차
홈시어터시스템	266	4.0188	1.9704
오디오공유시스템	247	3.6802	0.8736
자동수위/온도조절욕조시스템	284	3.6620	0.8646
비디오공유시스템	224	3.0357	0.7448
중앙정수시스템	294	4.0000	0.9384
건강체크시스템	287	4.1254	0.8053

시나리오별 응용시스템에 대한 중요도를 살펴보면 [표 4-7]에서 보는 바와 같이 높은 중요도를 보인 것은 재택근무시스템(4.5443)이 며 다음은 휴식모드시스템(4.2697)인 것으로 나타나 선호도 분석에서 의 휴식모드 결과와는 다른 차이를 나타내고 있다.

[표 4-7] 시나리오별 응용시스템에 대한 중요도

항목	N	평균	표준편차
기상모드시스템	223	3.6502	1.1325
취침모드시스템	226	3.9159	1.5397
요리모드시스템	221	3.2579	0.7145
외출모드시스템	242	3.8554	0.7674
귀가모드시스템	229	3.6550	2.2476
재택근무시스템	237	4.5443	5.6301
학습모드시스템	248	3.8831	0.6782
휴식모드시스템	267	4.2697	0.7270

제4절 주거환경시스템 중요도에 대한 집단별 유형 분석

각 집단별 주거환경시스템에 대한 중요도가 소비자의 특성 특히 지역 별, 성별, 그리고 연령대에 따라 차이가 있을 것으로 추측되어 이를 위 해 이 절에서는 이러한 변수들 간에 중요도 차이를 확인하기 위해 F-통 계량을 이용한 일원분산(One-Way ANOVA)을 실시해 살펴보았다.

여기에서 F-통계량이란 표본 전체의 분산을 그룹 내 분산과, 그룹 간 분산으로 분류하여 평균 차이를 검증하는 것이며 분산분석이란 분산을 고려하면서 집단 간 평균의 차이를 검증하는 통계기법으로 사용하며 종속변수의 평균이 실험요소에 따라 차이가 있는지를 검증한다. 또한 유의 수준 α위험의 최대 허용 한계를 의미한다.

1. 부문별 주거환경시스템

집단별 부문별 주거환경시스템에 대한 중요도를 살펴보면 [표 4-8]에서 보는 바와 같이 유의수준 0.1에서 시큐리티시스템과 실내환경조절시스템에 대한 중요도가 연령대가 높을수록 중요도가 높게 나타내는 것을 제외하고는 나머지 집단에 대한 부문별 주거환경시스템에 대한 차이는 없는 것으로 나타났다.

[표 4-8] 부문별 주거환경시스템에 대한 중요도

구분	시스템	집단	N	평균(M)	F-통계량	유의수준(P)
거주 지역별	시큐리티	서울	111	4.0721	1.120	0.291
		서울 외 지역	135	3.9704		
	실내환경조절	서울	117	4.2564	0.844	0.359
		서울 외 지역	161	4.3354		
	가사생활지원	서울	108	3.5833	3.528	0.062
		서울 외 지역	139	3.7410		
	문화건강생활	서울	112	3.7411	1.725	0.190
		서울 외 지역	152	3.8684		
성별	시큐리티	남자	127	3.9921	0.271	0.603
		여자	119	4.0420		
	실내환경조절	남자	150	4.2733	0.540	0.463
		여자	128	4.3359		
	가사생활지원	남자	129	3.6202	1.686	0.195
		여자	118	3.7288		
	문화건강생활	남자	142	3.8521	0.718	0.397
		여자	122	3.7705		
연령별	시큐리티	20대	57	4.1930	5.140	0.002*
		30대	104	4.0673		
		40대	53	3.6792		
		50대 이상	32	4.0938		
	실내환경조절	20대	56	4.0893	2.681	0.047*
		30대	119	4.3025		
		40대	67	4.4328		
		50대 이상	36	4.3889		
	가사생활지원	20대	50	3.7600	0.482	0.695
		30대	98	3.6224		
		40대	62	3.6774		
		50대 이상	37	3.6757		
	문화건강생활	20대	54	3.8889	0.251	0.860
		30대	102	3.7745		
		40대	65	3.8154		
		50대 이상	43	3.8140		

2. 시큐리티시스템

집단별 시큐리티시스템에 대한 중요도를 살펴보면 [표 4-9]에서 보는 바와 같이 유의수준 0.1에서 주동출입시스템, 엘리베이터안전시스템, 그리고 세대현관출입시스템에 대한 중요도가 서울지역 소비자보다 서울 외 지역 소비자들이 더욱 높게 나타났으며, 침입도난방지시스템과 외출안전시스템에 대한 중요도는 남자보다 여자가 더욱 중요하게 생각하는 것으로 나타났다. 그리고 침입도난방지시스템, 주동출입시스템, 화재가스누출감지시스템, 구급시스템, CCTV감시시스템에 대한 중요도가 연령대에 따라 다른 것을 제외하고는 나머지 집단에 대한 시큐리티시스템에 대한 차이는 없는 것으로 나타났다.

[표 4-9] 시큐리티 시스템에 대한 중요도

구분	시스템	집단	N	평균(M)	F-통계량	유의수준(P)
거주지역별	침입 도난 방지	서울	130	4.4769	0.256	0.614
		서울 외 지역	193	4.5130		
	주동출입	서울	100	3.5500	4.904	0.028*
		서울 외 지역	133	3.7669		
	화재 가스 누출	서울	1170	4.3419	1.363	0.244
		서울 외 지역	170	4.4471		
	엘리베이터 안전	서울	104	4.0192	5.298	0.022*
		서울 외 지역	134	4.2239		
	구급	서울	102	3.8235	2.382	0.124
		서울 외 지역	132	3.9621		
	통합키	서울	102	4.1176	0.566	0.453
		서울 외 지역	130	3.7538		
	외출안정	서울	110	4.1455	0.730	0.394
		서울 외 지역	137	4.0584		
	세대현관 출입	서울	100	3.5300	6.036	0.015*
		서울 외 지역	127	3.7874		
	CCTV 감시	서울	103	3.6019	12.669	0.000*
		서울 외 지역	130	3.9923		
성별	침입 도난 방지	남자	173	4.4277	4.787	0.029*
		여자	150	4.5800		
	주동출입	남자	127	3.6378	0.650	0.421
		여자	106	3.7170		
	화재 가스 누출	남자	154	4.3117	5.119	0.240
		여자	133	4.5113		
	엘리베이터 안전	남자	126	4.0397	5.193	0.240
		여자	112	4.2411		
	구급	남자	132	3.9167	0.145	0.704
		여자	102	3.8824		
	통합키	남자	125	3.6160	1.809	0.180
		여자	107	4.2617		
	외출안정	남자	129	3.9845	5.516	0.020*
		여자	118	4.2203		
	세대현관 출입	남자	124	3.6452	0.361	0.548
		여자	103	3.7087		
	CCTV 감시	남자	126	3.8413	0.175	0.677
		여자	107	3.7944		

구분	시스템	집단	N	평균(M)	F-통계량	유의수준(P)
연령별	침입 도난 방지	20대	66	4.3333	2.376	0.070*
		30대	132	4.5758		
		40대	76	4.4737		
		50대 이상	49	4.5510		
	주동출입	20대	47	3.4255	4.239	0.006*
		30대	94	3.7021		
		40대	57	3.6316		
		50대 이상	35	4.0000		
	화재 가스 누출	20대	63	4.4603	3.661	0.013*
		30대	113	4.2301		
		40대	73	4.5342		
		50대 이상	38	4.5789		
	엘리베이터 안전	20대	52	3.9615	1.919	0.127
		30대	98	4.1327		
		40대	58	4.2069		
		50대 이상	30	4.3000		
	구급	20대	51	3.8824	2.339	0.074*
		30대	100	3.8700		
		40대	52	3.8077		
		50대 이상	31	4.193		
	통합키	20대	54	4.5556	0.791	0.500
		30대	92	3.8043		
		40대	53	3.5283		
		50대 이상	33	3.7879		
	외출안정	20대	51	4.000	2.087	0.103
		30대	101	4.1089		
		40대	56	3.9821		
		50대 이상	39	4.3590		
	세대현관 출입	20대	50	3.6000	1.504	0.214
		30대	89	3.6517		
		40대	55	3.6182		
		50대 이상	33	3.9394		
	CCTV 감시	20대	50	3.5800	2.945	0.034*
		30대	97	3.7732		
		40대	54	4.0185		
		50대 이상	32	4.0000		

3. 실내환경조절시스템

집단별 실내환경조절시스템에 대한 중요도를 살펴보면 [표 4-10]에서 보는 바와 같이 유의수준 0.1에서 자동점등시스템과 난방조절시스템에 대한 중요도가 서울지역보다 서울 외 지역 소비자들이 높게 나타났으며 자동환기시스템과 자동소등시스템에 대한 중요도는 남자보다 여자가 더 높게 나타났다. 그리고 자동환기시스템과 냉방조절시스템에 대한 중요도가 연령대에 따라 다른 것을 제외하고는 나머지 집단에 대한 실내환경조절시스템에 대한 차이는 없는 것으로 나타났다.

[표 4-10] 실내환경조절시스템에 대한 중요도

구분	시스템	집단	N	평균(M)	F-통계량	유의수준(P)
거주지역별	자동점등	서울	107	3.5140	4.819	0.029*
		서울 외 지역	140	3.7429		
	난방조절	서울	118	4.2203	3.047	0.082*
		서울 외 지역	169	4.3669		
	자동환기	서울	111	4.3333	0.920	0.338
		서울 외 지역	159	4.4151		
	공기청정	서울	126	4.2937	0.579	0.447
		서울 외 지역	172	4.3663		
	냉방조절	서울	109	4.0734	0.248	0.619
		서울 외 지역	136	3.9338		
	조명밝기조절	서울	101	3.2673	3.430	0.065*
		서울 외 지역	129	3.6744		
	조명일괄 on/off	서울	102	3.0392	3.281	0.071*
		서울 외 지역	121	3.2479		
	전동커튼 블라인드	서울	98	2.9898	0.987	0.322
		서울 외 지역	119	3.1176		
	자동소등	서울	100	3.0200	1.553	0.214
		서울 외 지역	126	3.1984		

구분	시스템	집단	N	평균(M)	F-통계량	유의수준(P)
성별	자동점등	남자	130	3.6077	0.531	0.467
		여자	117	3.6838		
	난방조절	남자	150	4.3067	0.000	0.999
		여자	137	4.3066		
	자동환기	남자	147	4.2585	10.648	0.001*
		여자	123	4.5285		
	공기청정	남자	160	4.2813	1.544	0.215
		여자	138	4.3986		
	냉방조절	남자	131	3.8626	1.056	0.305
		여자	114	4.1491		
	조명밝기조절	남자	122	3.4262	0.452	0.502
		여자	108	3.5741		
	조명일괄 on/off	남자	116	3.0690	2.284	0.132
		여자	107	3.2430		
	전동커튼 블라인드	남자	114	2.9737	2.016	0.157
		여자	103	3.1553		
	자동소등	남자	122	2.9754	4.885	0.028*
		여자	104	3.2885		
연령별	자동점등	20대	51	3.4314	1.690	0.170
		30대	99	3.6667		
		40대	58	3.6897		
		50대 이상	39	3.7949		
	난방조절	20대	64	4.4063	1.134	0.336
		30대	119	4.2857		
		40대	69	4.3333		
		50대 이상	35	4.1429		
	자동환기	20대	55	4.1091	3.943	0.009*
		30대	105	4.4857		
		40대	71	4.4366		
		50대 이상	39	4.3846		
	공기청정	20대	68	4.3824	1.329	0.265
		30대	119	4.3529		
		40대	68	4.1765		
		50대 이상	43	4.4651		
	냉방조절	20대	52	4.6538	2.218	0.087*
		30대	101	3.8317		
		40대	54	3.6667		
		50대 이상	38	4.0000		

구분	시스템	집단	N	평균(M)	F-통계량	유의수준(P)
연령별	조명밝기조절	20대	49	3.8571	1.218	0.304
		30대	95	3.4842		
		40대	53	3.2453		
		50대 이상	33	3.3939		
	조명일괄 on/off	20대	50	3.0800	0.758	0.519
		30대	91	3.2418		
		40대	51	3.0392		
		50대 이상	31	3.1935		
	전동커튼 블라인드	20대	47	2.9787	0.341	0.796
		30대	89	3.1011		
		40대	49	3.1224		
		50대 이상	32	2.9688		
	자동소등	20대	49	3.000	0.643	0.588
		30대	93	3.2151		
		40대	52	3.0192		
		50대 이상	32	3.1875		

4. 가사생활지원시스템

집단별 가사생활지원시스템에 대한 중요도를 살펴보면 [표 4-11]에서 보는 바와 같이 유의수준 0.1에서 자동수전시스템에 대한 중요도가 서울지역보다 서울 외 지역이 더 높게 나타났으며, 요리지원시스템, 저비용 가전제품자동작동시스템에 대한 중요도가 남자보다 여자가 높게 나타난 반면 자동수전시스템에 대한 중요도는 여자보다 남자가 높게 나타났다. 그리고 쓰레기자동수거시스템에 대한 중요도가 연령대가 높을수록 높게 나타난 것을 제외하고는 나머지 집단에 대한 가사생활지원시스템에 대한 차이는 없는 것으로 나타났다.

[표 4-11] 실내환경조절시스템에 대한 중요도

구분	시스템	집단	N	평균(M)	F-통계량	유의수준(P)
거주지역별	쓰레기자동수거	서울	133	4.4662	0.062	0.804
		서울 외 지역	184	4.4837		
	요리지원	서울	103	3.1165	0.060	0.807
		서울 외 지역	128	3.0859		
	자동수전	서울	101	3.2673	7.711	0.006*
		서울 외 지역	130	3.5385		
	저비용 가전제품 자동작동	서울	117	3.8889	0.243	0.622
		서울 외 지역	163	3.9387		
	청소(클린)	서울	131	4.2519	1.032	0.311
		서울 외 지역	187	4.3369		
성별	쓰레기자동수거	남자	165	4.4606	0.222	0.638
		여자	152	4.4934		
	요리지원	남자	119	3.0000	2.755	0.098*
		여자	112	3.2054		
	자동수전	남자	124	3.5000	3.107	0.079*
		여자	107	3.3271		
	저비용 가전제품 자동작동	남자	152	3.8355	3.283	0.071*
		여자	128	4.0156		
	청소(클린)	남자	167	4.2874	0.136	0.713
		여자	151	4.3179		
연령별	쓰레기자동수거	20대	64	4.2813	4.299	0.005*
		30대	132	4.4697		
		40대	75	4.6533		
		50대 이상	46	4.4783		
	요리지원	20대	48	3.2500	0.523	0.667
		30대	98	3.0612		
		40대	54	3.0741		
		50대 이상	31	3.0323		
	자동수전	20대	47	3.2979	2.064	0.106
		30대	93	3.4301		
		40대	59	3.5932		
		50대 이상	32	3.2500		
	저비용 가전제품 자동작동	20대	59	3.7288	1.669	0.174
		30대	110	3.9091		
		40대	70	4.0286		
		50대 이상	41	4.0244		
	청소(클린)	20대	69	4.3768	0.605	0.612
		30대	133	4.2406		
		40대	71	4.3380		
		50대 이상	45	4.3111		

5. 문화건강생활시스템

　집단별 문화건강생활시스템에 대한 중요도를 살펴보면 [표 4-12]에서 보는 바와 같이 유의수준 0.1에서 자동수위/온도조절욕조시스템, 중앙정수시스템, 건강체크시스템에 대한 중요도가 서울지역보다 서울 외 지역이 더 높게 나타났으며 자동수위/온도조절욕조시스템에 대한 중요도가 남자보다 여자가 더 높게 나타났다. 그리고 오디오공유시스템, 자동수위/온도조절욕조시스템, 건강체크시스템에 대한 중요도가 연령대에 따라 다른 것을 제외하고는 나머지 집단에 대한 문화건강생활시스템에 대한 차이는 없는 것으로 나타났다.

[표 4-12] 문화건강생활 시스템에 대한 중요도

구분	시스템	집단	N	평균(M)	F-통계량	유의수준(P)
거주지역별	홈시어터	서울	111	4.0991	0.316	0.575
		서울 외 지역	155	3.9613		
	오디어공유	서울	108	3.7130	0.270	0.604
		서울 외 지역	139	3.6547		
	자동수위/온도조절욕조	서울	121	3.5537	3.332	0.069*
		서울 외 지역	163	3.7423		
	비디오공유	서울	101	2.9703	1.422	0.234
		서울 외 지역	123	3.0894		
	중앙정수	서울	127	3.8819	3.573	0.060*
		서울 외 지역	167	4.0898		
	건강체크	서울	118	4.0085	4.275	0.040*
		서울 외 지역	169	4.2071		

구분	시스템	집단	N	평균(M)	F-통계량	유의수준(P)
성별	홈시어터	남자	150	4.0533	0.105	0.746
		여자	116	3.9741		
	오디어공유	남자	127	3.6299	0.864	0.353
		여자	120	3.7333		
	자동수위/온도 조절욕조	남자	149	3.5570	4.676	0.031*
		여자	135	3.7778		
	비디오공유	남자	121	3.0165	0.174	0.677
		여자	103	3.0583		
	중앙정수	남자	152	3.9539	0.757	0.385
		여자	142	4.0493		
	건강체크	남자	150	4.0600	2.082	0.150
		여자	137	4.1971		
연령별	홈시어터	20대	57	4.4912	1.931	0.125
		30대	110	3.9273		
		40대	67	4.0149		
		50대 이상	32	3.50000		
	오디어공유	20대	48	3.3333	6.242	0.000*
		30대	99	3.5859		
		40대	63	3.9524		
		50대 이상	37	3.9189		
	자동수위/온도 조절욕조	20대	63	3.9683	3.619	0.014*
		30대	115	3.5391		
		40대	67	3.6119		
		50대 이상	39	3.6154		
	비디오공유	20대	50	3.1200	0.622	0.602
		30대	89	3.0674		
		40대	53	2.9434		
		50대 이상	32	2.9688		
	중앙정수	20대	59	4.0000	2.087	0.102
		30대	127	3.8976		
		30대	67	4.0000		
		40대	41	4.3171		
	건강체크	20대	60	4.1000	4.113	0.007*
		30대	115	3.9652		
		40대	65	4.2154		
		50대 이상	47	4.4255		

6. 시나리오별 응용시스템

집단별 시나리오별 응용시스템에 대한 중요도를 살펴보면 [표 4-13]에서 보는 바와 같이 유의수준 0.1에서 재택모드시스템과 휴식모드시스템에 대한 중요도가 서울 외 지역보다 서울지역이 높게 나타났으며 요리모드시스템, 학습모드시스템, 휴식모드시스템에 대한 중요도가 남자보다 여자가 높게 나타났다. 그리고 기상모드시스템과 휴식모드시스템에 대한 중요도가 연령대에 따라 다른 것을 제외하고는 나머지 집단에 대한 시나리오별 응용시스템에 대한 차이는 없는 것으로 나타났다.

[표 4-13] 시나리오별 응용시스템에 대한 중요도

구분	시스템	집단	N	평균(M)	F-통계량	유의수준(P)
거주지역별	기상모드	서울	99	3.6869	0.186	0.667
		서울 외 지역	124	3.6210		
	취침모드	서울	100	3.8500	0.328	0.567
		서울 외 지역	126	3.9683		
	요리모드	서울	99	3.1919	1.534	0.217
		서울 외 지역	122	3.3115		
	외출모드	서울	109	3.8349	0.141	0.707
		서울 외 지역	133	3.8722		
	귀가모드	서울	104	3.8942	2.169	0.142
		서울 외 지역	125	3.4560		
	재택모드	서울	103	5.5922	6.457	0.012*
		서울 외 지역	134	3.7388		
	학습모드	서울	106	3.8019	2.670	0.104
		서울 외 지역	142	3.9437		
	휴식모드	서울	112	4.3571	2.813	0.095*
		서울 외 지역	155	4.2065		

구분	시스템	집단	N	평균(M)	F-통계량	유의수준(P)
성별	기상모드	남자	120	3.7333	1.402	0.238
		여자	103	3.5534		
	취침모드	남자	122	3.9672	0.293	0.589
		여자	104	3.8558		
	요리모드	남자	117	3.1453	6.327	0.013*
		여자	104	3.3846		
	외출모드	남자	126	3.7937	1.705	0.193
		여자	116	3.9224		
	귀가모드	남자	120	3.6583	0.001	0.981
		여자	109	3.6514		
	재택모드	남자	126	4.0238	2.312	0.130
		여자	111	5.1351		
	학습모드	남자	131	3.7863	5.767	0.017*
		여자	117	3.9915		
	휴식모드	남자	149	4.2013	3.000	0.084*
		여자	118	4.3559		
연령별	기상모드	20대	48	3.8333	3.606	0.014*
		30대	88	3.6591		
		40대	54	3.8148		
		50대 이상	33	3.0909		
	취침모드	20대	47	4.2128	0.766	0.514
		30대	93	3.8710		
		40대	54	3.8148		
		50대 이상	32	3.7813		
	요리모드	20대	46	3.2609	0.078	0.972
		30대	88	3.2386		
		40대	54	3.2963		
		50대 이상	33	3.2424		
	외출모드	20대	49	3.8571	0.506	0.678
		30대	101	3.8218		
		40대	57	3.8246		
		50대 이상	35	4.0000		
	귀가모드	20대	50	4.1600	1.132	0.337
		30대	94	3.5745		
		40대	53	3.4717		
		50대 이상	32	3.4063		

구분	시스템	집단	N	평균(M)	F-통계량	유의수준(P)
연령별	재택모드	20대	48	4.5625	0.992	0.397
		30대	99	5.2121		
		40대	58	3.7586		
		50대 이상	32	3.8750		
	학습모드	20대	47	3.8298	1.448	0.229
		30대	101	3.9901		
		40대	63	3.7937		
		50대 이상	37	3.8108		
	휴식모드	20대	58	4.3276	3.024	0.030*
		30대	107	4.3645		
		40대	62	4.0323		
		50대 이상	40	4.3000		

제5절 유비쿼터스 주택 마케팅 활성화 방안

일반 소비자들을 대상으로 주거환경시스템에 대한 선호도 및 중요도를 조사한 결과 유비쿼터스 주택개발 방안 마련 시 다음과 같은 사항들을 고려할 필요가 있다.

먼저 전체적인 측면에서 주택개발 시 주변과 어울리는 환경, 즉 주택의 주변 경관/쾌적성과 주택이 위치한 방향/위치 등을 고려할 필요가 있으며 기능적인 측면에서 주거의 주 기능인 휴식과 실내 쾌적한 환기를 제공할 수 있어야 한다. 또한 브랜드에 대한 중요성이 부각되고 있다.

아무리 신기술이라 하더라도 소비자들이 인지하지 못하거나 쓸모 없는 기능을 전체적인 기능에 덧붙여 제공할 필요는 없다. 이보다는 활용도가 높은 기능을 중심으로 여기에 적용된 신기술에 대한 홍보 전략과 사용법에 대한 매뉴얼을 제공함으로써 좀 더 쉽게 주거환경에 적응할 수 있도록 해야 한다. 특히 매뉴얼에 있어서도 좀더 단순화시킬 필요가 있다.

향후 주도하게 될 유비쿼터스 주거문화에 대한 기대감이 큰 만큼 기능대비 가격에 대한 우려감도 커질 수 있다. 따라서 주거환경시스템 도입에 있어 빌트형을 제공하기보다는 DIY형태로 소비자가 원하는 기능들만을 먼저 제공하는 방안도 고려할 필요가 있다.

유비쿼터스 주택 마케팅 활성화 방안 마련을 위해 일반 소비자들을 대상으로 주거환경시스템에 대한 선호도 및 중요도 그리고 중요도에 대한 집단별 유형 분석을 조사한 결과 일반 소비자들은 유비쿼터스 주택의 경우 기존 주택보다 실내환경조절시스템, 그리고 휴식모드시스템과 재택근무시스템이 조화롭게 구성된 주택을 요구하는 것으로 나타났다. 특히 40대 소비자들의 경우 실내환경조절시스템 기능을 보다 활성화시킬 필요가 있다.

주거환경시스템의 세부 시스템별로 살펴보면 시큐리티시스템의 경우 30대 여성 소비자를 대상으로 침입도난방지시스템을 보다 활성화시킬 필요가 있으며 실내환경조절시스템의 경우에도 시큐리티시스템과 마찬가지로 30대 여성 소비자를 대상으로 자동환기시스템을 보다 활성화시킬 필요가 있다.

가사생활지원시스템의 경우 40대를 소비자를 대상으로 쓰레기자동수거시스템을 보다 활성화시킬 필요가 있으며 문화건강생활시스템의 경우 서울 외 지역에 거주하는 20대 여성 소비자를 대상으로 자동수위/온도조절욕조시스템을 서울 외 지역에 거주하는 40대 이상 소비자의 경우 건강체크시스템을 보다 활성화시킬 필요가 있다.

그리고 시나리오별 응용시스템을 살펴보면 서울지역 소비자를 대상으로 재택모드시스템을 서울지역에 거주하는 30대 여성 소비자를 대상으로 휴식모드시스템을 보다 활성화시킬 필요가 있다.

이처럼 마케팅 활용 측면에서 볼 때 소비자 모두가 다양한 기능을 선호하는 것이 아니라 소비자들의 특성에 따라 선호하는 기능들에 차이가 있으므로 유비쿼터스 주택 개발 시 소비자들의 인구통계학적 특성뿐만 아니라 라이프스타일에 맞는 주거환경시스템을 제공할 수 있도록 거주 세대에 대한 세분화 및 차별화 전략이 필요하며 또한 유비쿼터스 주택의 도입으로 주택에 거주하는 거주자에 대한 신상이나 신체적인 상황 자료에 대한 보안문제는 사전에 반드시 이루어져야 할 것이다.

제5장

결론 및 향후 연구과제

유비쿼터스 환경변화에 따른 주거공간으로서의 대응은 특히 건축이라는 기본 개념, 즉 거주자들을 위한 편리성, 쾌적성, 안전성이라는 기본 개념 물론 정보화 등이 건축 환경과 어우러져 휴식의 공간과 생산의 공간으로 구축되어지는 공간으로서의 역할을 다할 수 있는 방향으로 계획되어지고 있다.

본 연구는 우리의 삶 속에 깊숙이 들어오게 될 유비쿼터스 환경으로 인한 주거공간의 변화, 특히 주거용 건축인 주택에 대해 살펴보고 주택에 도입되고 있는 주거환경시스템, 즉 다양한 기능들에 대한 소비자들의 선호 요인 분석을 통해 보다 실효성을 갖는 주택개발 방안을 제시하는 데 목적이 있다.

본 연구를 통하여 다음과 같은 사항들을 발견하게 되었다.

(1) 유비쿼터스 등장으로 인하여 사회·경제·문화적 등의 노력으로 국내에서도 유비쿼터스 환경에 맞는 주거환경시스템을 도입한 주택이 도입되고 있지만 아직까지 많은 부분에 있어서 미흡하다.

(2) 소비자들은 주택구입 시 거시적인 측면에서 주변경관/쾌적성, 미시적 측면에서 주택의 방향/위치를 가장 많이 고려한다.

(3) 국내 개발 중인 주거환경시스템의 현황과 문제점을 조사한 결과 정책적인 측면에서 정부는 제도적인 추진, 수요자에 대한 홍보 부

족, R&D의 부족 등이 나타났으며 주거환경시스템을 주도하는 건설업체 측면에서는 기술개발은 저조한 반면, 홈 네트워크 업체들은 일부분에 대해 개별적으로 개발하고 있어 유비쿼터스형 주택 설정에 대한 정보 협력 및 공유가 부족한 것으로 나타났다.

(4) 최근 등장하고 있는 홈 네트워크, 유비쿼터스, 지능형 주택, 그리고 디지털 홈에 대한 소비자들의 인식도가 보통인 것으로 나타났으며 홈 네트워크에 대한 개념을 제외하고는 개념을 알고 있는 소비자보다 모르는 소비자가 더 많은 것으로 나타났다.

(5) 부문별 주거환경시스템에 대한 선호도 분석 결과 실내환경조절시스템을 가장 선호하고 있다.

(6) 시큐리티 세부 시스템에 있어서는 침입도난방지시스템, 실내환경조절 세부 시스템에 있어서는 공기청정시스템, 가사생활지원 세부 시스템에 있어서는 쓰레기자동수거시스템, 그리고 문화건강생활 세부 시스템에 있어서는 중앙정수시스템을 선호하고 있다. 그리고 시나리오별 응용시스템에서는 휴식모드시스템을 선호하고 있다.

(7) 주거환경시스템에 있어서 소비자들의 특성(지역, 성별, 연령 등)에 따라 중요도의 차이가 있는 것으로 나타나 소비자들의 특성 등을 고려한 세분화된 주거환경시스템 제공 전략 및 마케팅 활성화 방안이 필요한 것으로 나타났다. 예를 들면 유비쿼터스 주택의 경우 40대 소비자들의 경우 실내환경조절시스템 기능을 보다 활성화시키고 시큐리티시스템의 경우 30대 여성 소비자를 대상으로 침입도난방지시스템을, 실내환경조절시스템의 경우 30대 여성 소비자를 대상으로 자동환기시스템을, 가사생활지원시스템의 경우 40대를 소비자를 대상으로 쓰레기자동수거시스템을, 문화건강생활시스템의 경우 서울 외 지역에 거주하는 20대 여성 소비자를 대상으로 자동수위/온도조

절욕조시스템을 서울 외 지역에 거주하는 40대 이상 소비자의 경우 건강체크시스템을 보다 활성화시킬 필요가 있다. 그리고 시나리오별 응용시스템의 경우 서울지역 소비자를 대상으로 재택모드시스템을 서울지역에 거주하는 30대 여성 소비자를 대상으로 휴식모드시스템을 보다 활성화시킬 필요가 있다.

본 연구의 결과를 토대로 추진해야 할 주택개발 방안은 다음과 같다.

(1) 소비자의 라이프스타일에 대한 세심한 분석이 필요하다. 아무리 좋은 기반 시스템을 제공한다 해도 소비자들이 원하지 않으면 무용지물이 될 수 있다. 따라서 소비자 동향을 잘 파악해서 고객만족을 극대화할 수 있는 차별화된 주거환경시스템을 제공할 필요가 있다.

(2) 기존 생활패턴까지 변화시킬 수 있는 주거환경시스템을 개발하여 소비자들의 생활 변화를 자극해야 한다. 즉 주거환경시스템 활용에 있어 다양한 홍보전략으로 적극적이고 긍정적인 의식을 주입할 필요가 있다.

(3) 실용적인 서비스를 제공해야 한다. 사용법뿐 아니라 사용 시 필요한 암호입력 등도 소비자의 편의를 최대한 고려하여야 하여 빌트원 형태의 주거환경시스템을 제공하는 것뿐만 아니라 특별한 공사를 하지 않고도 DIY형태의 주거환경시스템을 제공할 수 있도록 해야 한다.

(4) 조작이 간편하고 사용이 편리해야 한다. 너무 다양한 주거환경시스템을 제공함으로 인해서 복잡한 사용 매뉴얼을 제공하기보다는 단순 조작이 용이하도록 해야 한다. 특히 노약자 및 고령자에 대한 주거환경시스템 개발의 경우 더욱 세심한 배려가 필요하며 오조작 방지대책을 강구해야 한다.

(5) 제공하는 주거환경시스템의 특징을 살린 브랜드개발이 필요하다. 최근 들어 브랜드의 중요성이 커지면서 소비자들도 제품이 주는 혜택보다는 브랜드를 보고 구매하는 경향이 높아지고 있다.

(6) 기본적으로 사생활 정보 유출의 사전예방이 최우선적으로 이루어져야 한다. 주거환경시스템 도입으로 정보 유출과 프라이버시 침해 가능성이 있는 다양한 정보가 만들어지게 된다. 따라서 이와 같은 소비자들의 불안 요인을 해소할 수 있는 다양한 방법과 제도가 마련되어야 한다.

(7) 규격화, 표준화 주거환경시스템을 제공해야 한다. 주거환경시스템 표준 통합 시기를 앞당기는 것이 시장 확대를 위한 선결과제이다.

이러한 유비쿼터스 환경 변화에 따른 주거문화가 성공적으로 이루어지기 위한 성공 요인을 기업 및 정부 측면에서 살펴보면 다음과 같다.

(1) 기업은 주거환경시스템 기술의 특성상 장기간에 걸쳐서 적극적으로 기술개발과 주택건설 정보유통체계를 구축하여 정보 공유 및 협력이 필요하며 홍보를 위해 주거환경시스템 모델 개발과 구축 사례, 인증 표준화 전략, 이동 체험관 등 다양한 방법을 통하여 소비자가 쉽게 접근할 수 있는 홍보전략을 수립하여 추진할 필요가 있다.

(2) 정부는 장기적이며 종합적이고 미래지향적으로 주택의 기본방향(표준화)을 설정하는 것이 무엇보다 중요하다. 또한 유비쿼터스 환경에 맞는 주거환경시스템 개발 추진과 관련하여 세제상의 혜택 등 인센티브를 부여하며 기술 연구 개발 지원체계를 확립하여 연구 개발을 자유롭게 할 수 있도록 추진하는 방안이 필요하다.

본 연구는 유비쿼터스 등장으로 인한 주거환경변화에 따른 사회가 발전함에 따라 자연스럽게 필연적으로 우리의 일상에 다가올 주택개발에 대한 연구이다. 비록 본 연구가 주거환경시스템에 대한 일반적 정의도 확립되지 않은 상태에서 소비자들을 대상으로 선호도 및 중요도를 파악하였지만 빠르게 변해가는 환경 속에서 주택 변화 특히 주거환경시스템 변화에 대한 소비자의 요구파악을 통해 향후 주택개발을 해 나가는 데 기초 자료로 활용할 수 있을 것이다.

그러나 본 연구를 진행함에 있어 기존의 연구자들이 설명하는 용어, 예를 들면 인텔리전트, 사이버, 정보화, 및 지능형 주택 등등 다양한 용어가 사용되고 있으며 용어 간의 구별을 위한 뚜렷한 차이점이 별로 없는 것으로 나타나 진정한 유비쿼터스 환경에 맞는 주택에 대한 용어 정의를 할 수 없어 미래형 주택이라는 포괄적 개념으로 접근하였다. 따라서 향후 추가적인 문헌연구뿐만 아니라 이를 통한 폭넓은 실증연구를 통하여 유비쿼터스 환경에 맞는 주택에 대한 정의를 보다 명확히 하여 접근할 필요가 있다고 본다.

참고문헌

감덕식, 「아파트 시장에서의 고객만족 전략」, LG주간경제, 2004. 4.

강은정, 「디지털정보화 시대의 공간디자인 형태특성에 관한 연구」, 연세대학교 대학원 석사논문, 2001.

김광우, 「미래 주거와 지능형 아파트」, IBS저널(3호), IBS Korea, 2002.

김광현, 「주택의 미래 - 미래주택의 모습들: 주택의 미래」, 미래의 주택. 대한건축학회.

김경휘, 「도시 계획 정보 시스템에서의 유비쿼터스 정보 기술 활용가능성에 관한 연구」, 서울시립대 대학원 석사논문, 2003.

김기성, 「홈 네트워크 환경에서 정보가전의 기능 제어에 대한 연구」, 홍익대 정보대학원 석사논문, 2003.

김성식, 「2010 주택시장 트렌드」, LG주간경제, 2005. 5.

김성진, 「유비쿼터스 주택의 정보 모델에 관한 연구」, 연세대학교, 2003.

김완석, 「유비쿼터스 컴퓨팅의 동향과 표준화 추진 사례」, ETRI정보화 기술연구소.

김은영, 「센서반응 지능형 디지털 주택의 사용자 인터페이스에 관한 연구」, 연세대학교 대학원 석사논문, 2002.

김정우, 「홈네트워크 산업의 최근 동향 및 이슈」, SERI 경제 포커스(제16호), 2004. 11. 22.

김진균, 심우갑, 박수빈, 「아파트 공간구성유형에 따른 거주자 사용행태에 관한 연구」, 대한건축학회논문집 계획계 18(11), 2002.

남승범, 「미래형 주택의 기능성에 관한 연구」, 중앙대학교 석사학위논문, 2003. 12.

노무라종합연구소 저: 하원규 역. 「유비쿼터스 네트워크와 신사회 시장창조」, 전자신문사, 2002.

_____________, 박우경, 김의 역. 「유비쿼터스 네트워크와 신사회 시스템」, 전자신문사 2003.

대한상공회의소, 「새로운 소비자집단 등장과 기업의 대응」, 2005. 7.

_____________, 「주택 선택에 대한 국민의식 조사」, 보조자료, 2005. 3

대한주택공사 주택연구소, 「지능형 미래주택 및 정보가전 세미나」. 2000.

리처드 헌터: 윤정로, 최장욱 역. 「유비쿼터스」, 21세기북스, 2001..

문소라. 「홈 네트워크의 사용실태조사연구」, 연세대학교 대학원 석사논문, 2002.

박호석, 「정보화아파트 정착과 발전 방안에 관한 연구」, 연세대학교 공학대학원 석사 학위논문, 2001.

사카무라 겐: 최운식 역, 「유비쿼터스 컴퓨팅 혁명」, 동방미디어, 2002.

산업자원부, 「유비쿼터스 지향형 지능형 홈산업 발전 전략」, 2003. 9.

산업자원부 보도자료, 「지능형 홈 산업 발전, 민간중심으로 이루어진다」, 2003. 11. 10.

석호태, 「정보화 시대 인텔리전트 아파트 기술개발 동향」, 2000. 9.

송지영. 「지능형주택 시스템 구축에 관한 연구」, 연세대학교 생활환경대학원 석사논문, 2001.

우윤석, 「우리나라 유비쿼터스 주택의 현황과 정책방향에 대한 탐색적 연구」,

주택연구(제13권 2호), 2005.

윤태호, 김용성, 「지능형미래주거를 위한 건축기술에 관한 연구: 건축기술의 발전방향과 적용을 중심으로」, 대한건축학회 학술발표논문집 20(2), 2000.

이기정, 「디지털 문화로 인한 물리적 환경의 변화가능성 예측 연구」, 연세대학교 대학원 석사학위 논문, 2000.

이상록, 「홈 서버에 의한 홈 네트워크 구축 동향」, 동아대 산업대학원 석사논문, 2003.

이상완, 「유비쿼터스 지능형 주택의 표준기술 현황분석 및 사용자 선호도 조사에 관한 연구」, 연세대학교 석사학위 논문, 2005. 6.

이종환, 「인터넷을 통한 가전기기의 원격제어에 관한 연구」, 부산대, 2003.

이진국, 「유비쿼터스 컴퓨팅 환경에 대응한 하우징 컨텍스트 모델에 관한 연구」, 연세대학교 대학원 석사논문, 2003.

이혁수, 홍광선, 「유비쿼터스 공간에서의 인간환경과 생활공간 변화에 관한 연구」, 한국실내디자인학회 학술발표대회논문집 제5권 제5호, 2003. 5.

임미숙, 「국외출장보고서: 수요대응형 인텔리전트아파트 표준모델개발」 대한주택공사, 2000.

_____, 「인텔리전트 주택의 개발동향 및 발전방안」, 주택, 대한주택공사, 제66호, 2000.

_____, 「지능형 아파트의 개념과 구성요소」, IBS저널(3호), IBS Korea, 2002.

장세이, 이승헌, 우운택, 「스마트 홈 연구 동향 및 전망」, 광주과학기술원 정보통신공학과.

정경남, 「홈 네트워크 환경에 따른 정보가전 디자인에 관한 연구 - 오브레인지 웹 패드를 중심으로」, 서울산업대 산업대학원 석사논문, 2003.

정보통신부, 「디지털 라이프 실현을 위한 디지털홈 구축 기본계획」, 2003.

_______, 「홈네트워크 산업 활성화를 위한 정통부 정책방향」, 2005.

정용환, 「정보화 주택의 활성화를 위한 합리적 추진방안」, 중앙대학교 석사
    학위논문, 2001. 12.

하원규, 김동환, 최남희, 「유비쿼터스 IT혁명과 제3공간」, 전자신문사, 2002.

한국전산원, 「아파트를 기반으로 한 e-biz 확산 방안에 관한 연구」, 2002. 12.

한국전산원, 「유비쿼터스사회의 발전 추세와 미래 전망」, 2005. 8.

홍성수, 「다가오는 유비쿼터스 컴퓨팅, 어떻게 이해할 것인가?」, 2003. 4.

히다카 쇼지, 아라카와 히로키: 성호철 역, 「손에 잡히는 유비쿼터스」, 전자
    신문사, 2003.

IBS KOREA, 「지능형 빌딩시스템의 입문과 응용」, 기다리, 2000.

NTT데이터 유비쿼터스연구회, 성호철 역, 「손에 잡히는 유비쿼터스」, 전자
    신문사, 2002.

www.ezville.co.kr

www.cvnet.co.kr

www.homevita.com

www.samsungbaha.com

· 저자 ·

안홍균　　· 약　력 ·
(安烘均)　　중앙대학교 경영학과 석사(마케팅)
　　　　　　현) 대광건설 개발사업부 과장

나윤규　　· 약　력 ·
(羅允珪)　　중앙대학교 경영학과 석사(마케팅)
　　　　　　중앙대학교 의류학과 박사과정(패션마케팅)

　　　　　· 주요논저 ·
　　　　　『인터넷 쇼핑몰 만족도』
　　　　　『철도의 역사와 철도유통의 현황』
　　　　　외 다수

유비쿼터스 주택
개발에 관한 연구

· 초판 인쇄	2007년　6월 10일
· 초판 발행	2007년　6월 10일
· 지 은 이	안홍균 · 나윤규 공저
· 펴 낸 이	채종준
· 펴 낸 곳	한국학술정보㈜
	경기도 파주시 교하읍 문발리 526-2
	파주출판문화정보산업단지
	전화　031) 908-3181(대표) · 팩스　031) 908-3189
	홈페이지　http://www.kstudy.com
	e-mail(출판사업부)　publish@kstudy.com
· 등　　록	제일산-115호(2000)
· 가　　격	17,000원

ISBN　978-89-534-6753-8 93320 (Paper Book)
　　　　978-89-534-6754-5 98320 (e-Book)